数学教学发展演变及评析研究

谢园春 ◎ 著

吉林出版集团股份有限公司

图书在版编目（CIP）数据

数学教学发展演变及评析研究 / 谢园春著.— 长春：
吉林出版集团股份有限公司，2023.6
ISBN 978-7-5731-3359-5

Ⅰ.①数… Ⅱ.①谢… Ⅲ.①高等数学－教学研究－高等
学校 Ⅳ.①O13-42

中国国家版本馆CIP数据核字（2023）第101392号

数学教学发展演变及评析研究

SHUXUE JIAOXUE FAZHAN YANBIAN JI PINGXI YANJIU

著　者	谢园春
责任编辑	齐　琳
封面设计	林　吉
开　本	787mm×1092mm　　1/16
字　数	233千
印　张	11
版　次	2023年6月第1版
印　次	2024年1月第1次印刷
出版发行	吉林出版集团股份有限公司
电　话	总编办：010-63109269
	发行部：010-63109269
印　刷	廊坊市广阳区九洲印刷厂

ISBN 978-7-5731-3359-5　　　　　　　　　　　　定价：78.00元

前　言

　　随着时间的推移和时代的变迁，中国发生了翻天覆地的变化，从计划经济转变为市场经济，从过去科技落后的时代变成如今的信息化数字时代。无论在物质上还是在人文观念上，中国都发生了巨大的变化，教育战线同样也受到了很大的影响。

　　伴随着时代的迅速发展，我国教育领域开始广泛地应用各种信息教学设备，同时要求教师对教学方法进行多方面的改革和创新。为了顺应这样的教学趋势，数学教学也进行了深层次的改革，彻底转变了传统的教学模式，开始对学生的数学学习能力进行综合有效的培养，并且着重对学生数学学习方法进行培养，使学生的数学思维得到了实际的拓展，整体的学习质量也有了很大程度的提升。

　　本书以数学教学发展演变和评析为核心，主要内容包括中学数学教学发展、中学数学教育基本理论、中学数学教学理论与内容、数学教学设计评析、数学教学语言评析以及数学应用素质的培养等。

　　本书在撰写过程中，笔者参阅了大量的文献资料，引用了诸多专家学者的研究成果，因篇幅有限，不能一一列举，在此一并表示最诚挚的感谢。由于时间仓促，加之笔者水平有限，在撰写过程中难免出现不足的地方，希望各位读者不吝赐教，提出宝贵的意见，以便笔者在今后的学习中加以改进。

谢园春

目　录

第一章 中学数学教育发展

近现代中学数学教育的发展较为曲折，自 19 世纪末以来先后经历了从传统向现代的过渡阶段、以培养精英为主要理念的发展阶段和以大众教育为主的多元化发展阶段三个主要发展阶段。

第一节 中学数学教育的现代发展过渡阶段

世界范围内的数学教育改革从欧洲拉开帷幕，数学教育从形式、内容到实施过程都在保持一定的整体统一发展的同时，在具体处理方式和细节方面呈现一定的个性特征。

改革总是发展与完善道路上的重要一步，主要涉及继承与发展的问题。如何继承传统数学教育中的优秀一面，摒弃糟粕的和不符合现代发展的一面？如何创造性地引进现代数学中的新思想、新方法、新理论？哪些是数学教育中的优秀传统？这些问题都是当时数学教育改革所面临的重要而又迫切的问题。

一、改革传统数学教学内容

在现代数学教育的早期改革中，首先进行的改革就是针对数学教学内容的。19世纪数学发生了巨大变化，有了长足发展，新的思想、新的方法、新的内容都在不同程度地影响着数学教育，传统数学教育在教学内容方面的局限性最先明显暴露出来。

在改革传统数学教学内容方面，比较重要的改革主张是克莱因运动的核心主张。德国著名数学家克莱因（F. Kline，1849—1925）于 1872 年在爱尔朗根大学发表了题为《近代几何研究成果的分析》的报告，即数学史上著名的"爱尔朗根纲领"，揭示了几何学的本质，并说明了当时的各种几何之间的统一性。1886 年，克莱因在进行数学研究的同时，根据数学发展和数学教学的需要发起了以纯粹数学和应用数学的统一为主要精神的教育改革运动，宣传纯粹数学与应用数学并举的优越性，并力求科学研究实用化、技术进步科学化，鼓励数学家在应用数学方面多作研究。德国的哥廷根大学在应用数学研究方面很快跑在世界的前列，后来有些国家相继仿效，对推动世界数学教育改革和促进科学发展起到积极作用。

1895 年，在克莱因的倡议下，德国成立了"数学和自然科学教育促进协会"，在哥廷根大学的首届年会上，克莱因提出改进和扩大德国中学科学教育和加强学生的技术训练。针对当时的数学教育普遍存在"脱离实际，相互孤立，重复烦琐、内容陈旧的状况"，1898 年克莱因发起成立"哥廷根协会"并开始了数学教育改革运动，培训数学教师，向教师提供关于应用数学和物理教育的研究手段以及尖端的工业技术知识。

克莱因积极地将数学教育改革推向世界，1905 年，在意大利米兰举行的科学大会上，他向大会报告了他的数学教育改革计划。

（1）教材的选择排列，应适合学生心理的自然发展。

（2）融合数学各分科，并密切与其他各学科的关系。

（3）不要强调形式的训练，应当强调实用方面，以便充分发展学生对自然界和人类社会诸现象进行数学观察的能力。

（4）把培养学生的函数思想和空间观察能力作为数学教学的基础，其核心在于强调数学的统一性和应用性。

1908 年，第 4 届国际数学加大会在罗马召开，会议决定建立国际数学教育委员会，第一任主席就是 F. 克莱因。

综上所述，克莱因的数学教育改革主张主要是改革传统的数学教育。在数学教学中，应该将数学理论应用于实际，并提出函数概念应该成为数学教材的中心，以函数概念统一数学教学内容的思想。

同时，克莱因主张加强函数和微积分的教学，改革充实代数内容，用几何变换的观点改革传统的几何内容，把解析几何纳入中学数学内容。这些数学教育改革的思想和观点，对于各国中学数学教育的影响是深刻的。

这样，在 20 世纪第一次数学教育的现代化改革中首先要进行的就是将近代数学思想方法和知识引入中学数学中。但是，由于这一次是数学教育现代化的初步尝试，没有经验，特别是没有如何处理数学思想和方法的经验，只能就具体的数学内容进行删减，即更多地表现在教学内容的增加或减少方面，特别是对于传统教学内容中的几何和发展很快并有着广泛应用的函数方面的内容进行了比较大的改革和引进。

事实上，本节开始的问题情境中提出的问题并没有在第一次数学教育改革中得到很好的解决，这些问题仍然处在探索之中。

二、关注对数学的理解和应用

在古希腊的数学传统中，数学被认为是思辨的科学，是理性的象征，是推理的体现。在欧洲传统数学教育中，更多的是重视数学的演绎和推理，重视数学的思辨性。17 至 19 世纪数学理论的发展和数学在科学、天文、经济以及工业中的应用与推动作用，首先对于欧洲传统数学教育具有一定的冲击作用，应用数学和数学的实用性在中学数学教育的层面上开始受到重视。同时，人们开始认识到，学生对于数学教学内容的理解至关重要，没有得到学生理解的数学内容达不到教育的目的。

由于历史原因，美国的数学教育与欧洲一脉相传，在这次数学教育改革中，美国数学教育中的实用数学的试验是数学教育中较早进行教育实验的实例。

数学教育中一个比较著名的实例是，美国数学会主席穆尔（E.h.Moore，1862—1932）提出"统一数学"（又称混合数学的观点，提出了把中小学数学的诸多学科融合在一起的"实验室式"的教学方法）。

数学混合是指将算术、代数、几何、三角等融合在一起进行教学，相对应的数学分科教学法是指把数学分成算术、代数、几何、三角等单独进行教学。

在克莱因和培利所提倡的中学数学进行应用数学教学的影响下，美国哥伦比亚大学教授穆尔提出一种课程，把纯粹数学和应用数学混合在一起。在 1902 年的全美数学年会上，穆尔做了"关于数学的基础"的报告，主张：

（1）在中学应将各科（算术、代数、几何、物理）融合在一起，搞统一的数学。

（2）在专门学校要把三角、代数、解析几何、微积分融合成一个学科。

（3）教学形式可采取实验的方法。

（4）改良运动不应只是变革的，而应该是发展的。

20 世纪初美国学者杜威（John Dewey，1859—1952）和穆尔先后访问中国，推行实用主义教育思想。在这样的背景下，加之新学制的颁布，先效法日本后又效法美国，1923 中国开始实施"混合数学"。美国数学教育家、芝加哥大学的乔治·布利氏（E.R.Breslich）教授编写的《布利氏新式算学教科书》[①]对中国当时数学教科书的编写具有比较大的影响力。

美国教育家杜威倡导"实用主义"哲学，也称"工具主义"或"经验主义"，这种实用主义教育思想对数学教育产生了影响。1896—1903 年，杜威开办了"芝加哥实验学校"，亦称"杜威学校"。在研制杜威学校教材时，他指出数学传统教材涵盖呆板而枯燥无味的内容，远离学生的生活经验，缺乏引发学生学习兴趣的知识内容。因此编写了实验学校教材制定的原则：

第一阶段（4—8 岁）：教材内容与生活和家庭邻里间关系相联系。

第二阶段（9—12 岁）：重点是获得读写操作计算的能力。

第三阶段（13—15 岁）：在掌握各门学科方法的范围内，深入学习。学习形式的是中心概念是"活动"，可以包括纺纱、织布、烹饪、木工等活动形式，包括大量的实践活动。

杜威的"教育即生活""从做中学""儿童为中心"等观念，深刻影响着 20 世纪前半叶各国的数学教育。例如，可以从 1910 年出版的《思维与教学》中的一段阐述进一步体会杜威的教育思想。

在学校里，学生思维训练失败的最大原因，也许在于不能保证像在校外实际生活那样，存在可以引起思维的经验和情境。一名教师看到学生做小数乘法时，数虽然算对了，但把小数点放错了位置，不知如何解决。一个学生说是 3201.6 元，另一名学生说是 320.16 元，第三名学生说是 32.016 元。这表明，学生虽然会计算，但他们没有思考。因为他们如果思考一下，就不会对数目的理解相差如此之大。于是，教师派学生到木材市场去买手工课要用的木料，预先与商人商量好由学生计算货价，结果没有学生算错。情境本身可以引起学生的思考，制约了他们对问题的理解，因此教科书的习题需要一个情境。

以上是 20 世纪初对数学教育具有比较大的影响的数学教育活动，从中可以看出，现代数学教学发展的第一阶段主要体现在从传统数学教育到现代数学教育的过渡，提倡数学教育强调应用，强调学生的体验，强调对数学教学内容的重新选择。

---

① E.R.Breslich. 布利氏新式算学教科书 第 1 编［M］. 徐甘棠译述；寿孝天校订. 商务印书馆，1923.

三、近现代数学内容的引进与传统数学教学内容的整合

在进行了一百多年的探索实践之后，在当今数学教育实践和研究中，对数学理论和作为数学教学内容的数学之间的整合问题的重要性和处理方式都已经有了比较清楚的认识和研究基础。但是，在19世纪末20世纪上半叶数学教育在从传统向现代的过渡过程中，首先遇到的问题就是这些近现代数学理论与传统数学教学内容的整合问题。当时，在整合的过程中出现了一些问题，这些问题在一定程度上体现了当时对数学教育的认识。

这里以当时的中国数学教材来说明数学和数学教学内容的整合这一问题。因为，中国数学教育在从传统向现代的过渡中，经历了从当时经济、社会、教育发达的国家，如日本、德国、美国和苏联移植的过程，因此，从中国当时数学教学内容（教材）的发展变化中可以清晰地看出传统数学内容和近现代数学内容的整合过程。

在中国，20世纪上半叶数学教育经历了从传统数学教学向现代教学的过渡，这个过渡以全面移植日本、德国、美国和苏联的数学教育方式完成。

1902年7月，清政府管学大臣张百熙（1847—1907）拟定了一系列"学堂章程"，即《钦定学堂章程》，这是中国近代教育史上第一个法定的学制。因为颁布《钦定学堂章程》这一年是壬寅年，所以这个学制又称为"壬寅学制"。但是壬寅学制制定得比较仓促，自身存在种种不足，尚不完备，所以虽然颁布但未能实行。

1903年，张百熙、荣庆（1859—1917）、张之洞（1837—1909）重新修订学堂章程，于1904年公布，即《奏定学堂章程》，史称"癸卯学制"。这是中国教育史上第一个正式颁布且在全国普遍推行的学校教育系统，由刚才所说的推动学制颁布的因素来看，当时中国对日本学制十分了解，几乎翻译了所有的日本学制章程，为学制制定提供蓝本，所以"癸卯学制"基本上是仿日本学制确定的。1912年9月，教育部公布《学校系统令》，次年加以修订，形成了"壬子癸丑学制"，壬子癸丑学制主要参考的是德国学制。1922年11月1日教育部通过并公布《学校系统改革令》，产生了新学制——壬戌学制。

"壬戌学制"是移植美国的学制制定的，深受杜威实用主义思想的影响。壬戌学制自1922年实施以来一直沿用至1952年。在这期间，中国的数学教育也经历着从小到大的变化，可以说中国现代数学教育体系就是从那时候起逐渐地完成了与世界数学教育的接轨。这种移植的特征，也可以从中国的中学数学教学内容上反映当时

的数学教育发展特征。

壬戌学制实施近 30 年，1952 年起开始改为向苏联学习，实施苏联的数学教学大纲及教材。

壬戌学制下初中数学教学内容：

义算术：四则，质数，因数，约数及倍数，大公约，小公倍，分数，小数，比及比例，乘方，开方，求积，利息。

代数：符号，式与项，正负数，四则，一次方程，因数，倍数，分数，联立一次式，二次方程，联立二次式，指数，虚数，比例，级数，对数，利息。

几何：公理，直线，角，垂线，平行线，三角形，平行四边形，多边形，平圆弦切，作图，面积，比例，相似形。

三角：角之量法，正负角，弦切割各线，渐近公式，边角相求，三角应用大意。

1922 年壬戌学制下高中数学教学内容：

三角课程纲要：

锐角三角倚数，直角三角形解法，高低及距离之测量，任意角之三角倚数，三角倚数之关系，斜角三角形，正弦定理，余弦定理，正切定理三角形之各种性质，诸三角倚数之关系，和较角之三角倚数，倍角半角之三角倚数，反三角倚数，三角方程式，极限论，指数数和对数级数，对数造表法，杂数论及马氏定理，航海术，方程式之三角解法。

几何课程纲要：

总纲：几何之目的，空间之特点，几何之基本图（点，线，平面）。几何原理（联合原理，相等原理，平行原理）。几何通用名词（辞、定理、假设、结论）。几何方法。

平面部：点，线，角，垂线与斜线，三角形，平行线，平行四边形，对称，轨迹作图法。圆，弦与弧，圆心角，圆界角，可容四边形，两圆之相对位置，作图法（垂线，分角线，切线，两圆之公切线），定圆之条件（求线法，求点法，平移与转移），平面图形之移动，际枢动点轨迹之曲线。比与比例，三角形分角线之特征，形位图，相似三角形，位似图，三角形各线之关系，射影定义，正余弦等定义，三角形普通公式，求末率、求中率，求内外率，二次方程之几何解法，定圆之要件，求切圆，圆幂，两圆之等幂轴，三圆之等幂心，丛率和调和率，穿线，极与极轴，反图及其特性。内容正多边形，求 77 法，周长，多边形面积，圆面积，等积多边形。

空间部：平行线与平行面，正交线与正交面，两面角，两直线之公垂线，射影，三面角，多面角，三面角相等条件。多面体（棱形与锥形）及其体积，空间对称图，空间位似图。圆柱，圆锥，圆球，旋转体。

二次曲线：椭圆，抛物线，双曲线，二次曲线之公性，作图法。

高中代数：

基本运算及原则，因子分括法。分数，最大公生数，最低公倍数，分项分数。指数及根数。虚数及杂数（今复数）。对数。比，比例及变数。排列、组合及机会（今概率），二项式定理。一元一次方程式，二元一次方程系。行列式。倚数（函数）及其图解。一元二次方程式，分式方程式，无理方程式，反商方程式及二项方程式，二元二次方程式系。不等式，极大与极小，不定方程式。对数方及指数方程式。方程式论，三次方程式及四次方程式。等差、等比及调和级数，极限论，发散级数与收敛级数，级数求和法，复数，重要级数（如，指数、对数、三角级数等），连分数。

解析几何大意：

笛卡儿坐标与点，正射影及其定理，轨迹方程，直线与一次方程，两直线之交角，两直线平行与垂直之条件，直线系，两线交点之直线系圆与二次方程。极坐标，坐标之变换。锥分线与二次方程，锥分线之极方程。切线，法线，次切线及次法线，极与极线。锥分线（抛物线，椭圆线，双曲线）之性质，高等平曲线。

从知识视域中的初中数学教学内容可以看出其内容的主要特点：

（1）初中数学分为算术、代数、平面几何、三角四个部分。

（2）算术在初中仍然要学习。

（3）没有函数及相关内容。

（4）不同部分各自成体系，基本属于传统数学内容。

（5）内容庞杂，各部分内部的教学分类不清晰。

从知识视域中的高中数学教学内容可以看出其内容的主要特点：

（1）高中数学分为三角、平面几何、立体几何、平面解析几何、代数。

（2）高中还要学习平面几何。

（3）代数部分更重视古典方程体系，包括二、三、四次方程及对数方程和指数方程。

（4）内容庞杂，各部分之间和其内部的教学整合相差较大，缺乏教学方面的处理。

四、保留了系统性、演绎性和较强的逻辑性特征的传统几何课程

传统几何课程基本上是欧几里得的《几何原本》。《几何原本》是数学中最早体现演绎性、系统性和逻辑推理的数学著作，在西方传统数学教育中有着特别重要的地位。从数学内容上看，《几何原本》包含平面几何、立体几何和数论，而数论部分引进了数学符号之后就不再采用《几何原本》的方式。因此，《几何原本》的传统内容中，只有平面几何和立体几何内容保留在中学数学课程之中，而数论内容则保留了少部分。

在20世纪上半叶进行的数学教育从传统到现代的改革中，数学课程的重要性被充分认识到，与传统数学课程相比，在日常的学校课程中数学课时得到保障，因此数学教学内容的增加主要体现在代数和函数方面。关于这一点，从上面中国1922年实施的数学课程也可以看出。但是，在增加代数和函数方面内容的同时，在几何课程方面保留了传统几何课程的特征。

（一）移植于美国和苏联的中国数学课程中的几何课程

在壬戌学制实施的30年中，中国数学教育进行了多次改革，在输入了西方传统几何课程后，适当增加了一些实验几何，但基本保留了其系统性、演绎性和较强的逻辑性，关于这一点，在上述知识视域中列出的数学教学内容可以清楚地看到。而从苏联移植的几何课程的实例可以直接从下一部分中体现出来。

（二）苏联的几何课程

苏联在传统几何课程方面具有一定的特色，这从苏联在这一时期的几何教学内容和教材可以看出。20世纪60年代前的近50年里苏联中学使用的全国通用教材是由吉西略夫编写的《初等几何》①（包括《平面几何》和《立体几何》）。

1892年，吉西略夫编写《初等几何》教材时是一名中学的教员，该教材当时并未马上得到广泛传播，使用情况也并不尽如人意。那时的苏联1—5年级的学生不学几何，所以这套几何教材是为6—10年级的学生提供的。在不断地实验和改革后，逐渐形成了比较成熟的《平面几何》和《立体几何》，这套教材在苏联流行了近50年

---

① ［苏］吉西略夫.初等几何［M］.东北人民政府教育部，译.沈阳：东北人民出版社，1951.

并享有很高的声誉，一直被视为最佳几何教材。

在吉西略夫《初等几何》教材研制编写初期后不久的 20 世纪即开始了从传统数学教育向现代的过渡，在这样的国际背景下，吉西略夫关注到了这些国际上数学教育改革的动向，及早修改自己的教材，使其成为当时苏联数学教材中的佼佼者。

后来，苏联就沿用了吉西略夫的全套数学教材，由于苏联是全国实行统一教材，这套教材的影响就更大了。吉西略夫的教材，是在 20 世纪初第一次数学教育改革时期出现的，在苏联、中国乃至世界，都有着重要地位和影响，因此，它是数学教育从传统到现代发展过程中具有代表性的经典教材。1927 年，吉西略夫再次修订出版了他的《初等几何》教材，补充了几何基础方面最新的数学思想，引入了投影作图的原理。在简短的叙述中给出了圆锥曲线的知识。在连续性公理的基础上对圆周长和面积作了新的解释。在立体几何中编入了卡瓦列里定理(如果两个立体有相等的高，且它们平行底面且与底面距离相等的截面面积总有一定的比的话，那么这两个立体的体积之间也有这个比)，几何习题中补充了应用的内容。可以看出，这套教材也很快顺应了当时国际数学教育发展的潮流，但，同时在这本教材中也可以看出，几何课程仍然保留了系统性演绎性和较强的逻辑性特征。

在第九届国际数学教育大会上，莫斯科大学活跃的微积分几何学家杜勃林教授做了题为《俄罗斯中学里的几何：过去的传统和当前的现状》的报告。报告中说，20 世纪 60 年代前的近 50 年里，俄罗斯所有的学校使用的几何教材是由著名学者吉西略夫编写的《初等几何》。该书遍写于 19 世纪 90 年代，是一本典型的欧几里得演绎性教材，供 6—10 年级学生学习使用。

《平面几何》这本教材在公理化体系的基础上，按照严密的知识逻辑关系展开教材的内容，每一章都按照一定的逻辑方法介绍相关的定义、定理、性质。第一章主要介绍三角形，第二章主要介绍圆，第三章主要介绍相似形，第四章、第五章主要介绍度量问题。

教材整体渗透现代数学思想，第二章渗透对称变换，第三章渗透相似变换，第五章渗透等积变换。

作图题是教材中的特色内容，教材在每一个章中都设置了专门的一节作图题，通过作图题加深巩固定理和性质，并把作图题和几何变换思想巧妙结合，使学生通过作图题加深对知识的理解，并能够形成理论应用和动手实践的能力，培养学生的思维严密性和灵活性。

20 世纪之前的 2000 多年里，几何就是欧氏几何。《平面几何》继承欧氏几何严密的演绎体系的基础上，整体内容体系简洁、清晰流畅。渗透了变换几何这种现代几何数学思想，加强了一些几何的实践性，如作图题测量和近似计算等，展现了数学教育发展从传统到现代的过渡性特征。

20 世纪前 50 年的数学教学是从传统向现代转化的过程，当时欧洲、美国和中国数学教育的发展情况反映了当时国际数学教育发展的一些共同性特正。中国的数学教材移植于美国，所以反映了当时美国和中国的数学教学情况，而苏联的几何教材也从一个方面反映了当时几何教学的状况。在教学内容方面增加了近现代的数学内容，几何课程中已经渗透了变换，但是基本保留了传统平面几何系统性演绎性和较强逻辑性特征。所以，这一阶段的数学教学从教学内容上看已经在向现代过渡。

五、数学教育从区域各自独立开始走向国际交流合作

19 世纪末和 20 世纪上半叶，世界各个国家和地区在各个方面的交流和合作都得到了很大的发展，这种交流发展到了意识形态领域，在数学教育方面也有一定的体现。

1908 年 4 月在罗马召开的第 4 届国际数学家大会上决议建立国际数学教育机构。当时由德国、英国和瑞典的委员组成中心委员会，立即开始进行有关数学教育和理科教育的活动，合理规划各级数学教育的进一步发展，并使公众熟悉数学教育的重要性，克莱因担任了国际数学教育委员会第一任主席。

1912 年中心委员会扩大，增加了美国、意大利、澳大利亚和法国的委员，到 1914 年参加国际数学教育委员会的国家已经达到 28 个。在这期间分别于布鲁塞尔（1910 年 8 月）、米兰（1911 年 11 月）、剑桥（1912 年 8 月）和巴黎（1914 年 4 月）举行了 4 次国际会议。

国际数学教育委员会的工作在第一次世界大战时被迫中断，一直到 1928 年都没有恢复工作。后来虽然重建了国际数学教育中心委员会，但是没有开展多少工作，又因第二次世界大战而中断。1952 年新建的国际数学联合会（IMU）重建国际数学教育委员会时，曾委任了一个委员会。1954 年这个委员会成为正式的国际数学教育委员会的执行委员会。

第二节　中学数学教育的精英教育发展阶段

第二次世界大战后，科学技术有了突飞猛进的发展，现代数学也飞速发展，数学的抽象化、公理化和结构化程度越来越高，数学应用更加广泛深入。同时，数学中产生了布尔巴基学派的结构主义思想，对数学研究和发展产生了很大影响。心理学、教育学的研究中出现了皮亚杰（Jean Piaget，1896—1980）的结构主义学派，布鲁纳（J.S.Brunner，1915—2016）提出了"发现学习"的思想等。

1957年，苏联第一颗人造地球卫星上天以后，数学教育现代化运动——史称"新数"运动从美国开始并发展到了世界范围。

美国国会在1958年通过了《国防教育法》后，政府资助成立了规模宏大的"学校数学研究小组"（SMSG），开始编写从幼儿园到大学预科的《统一的现代数学》。[①]1959年，美国国家科学院召集35位高层科学家在马萨诸塞州科德角的伍兹霍尔召开会议。美国著名心理学家布鲁纳担任这次大会的主席，在会上作了题为《教育过程》的总结报告。

会议的五个讨论主题为"课程设计的程序""教学的辅助工具""学习的动机""直觉在学习和思维中的作用""学习中的认识过程"。这些讨论主题展示了中小学数理学科的改革方向，其精神在一定程度上成为新数运动的指导思想，就是"精英教育"。

当时，美国的科学家们认为数学教育的主要任务是培养数学家、科学家，理论基础是结构主义。在教学目标上，把科学方法作为主要目标，提出数学课程"不仅要反映出知识本身的性质，而且要反映出理解知识和获得知识的过程和性质"。在课程实施过程中，教师不再是所有知识的源泉，而是强调教师引导学生自己去探究和发现。这一发展阶段数学教学的发展特征有以下几点。

一、近现代数学理论对中学数学课程的深刻影响

由于这一阶段数学教育的宗旨是培养数学家和数学精英，因此，又一次首先就

---

① 美国中学数学课程改革研究组编.统一的现代数学:第1册 第1分册[M].曹才翰，译.北京：人民教育出版社，1977.

数学教学内容进行了现代化改革，传统几何被并到以几何为基础的初等数学的结构中。在当时的中学数学教学中，传统几何基本上独立于其他数学领域，孤立地学习几何事实，并且逐个地证明定理。而在这次数学教育改革中，除了要求学会如何证明，提高人的推理能力和空间想象能力，还要求把几何与其他数学学科统一起来，通过运用线性代数群论和变换等现代数学工具对几何进行更一般的系统阐述。因此，几何教育的目标发生变化，几何中包含变换（映射）几何、群、顺序关系、等价性，等。

这样就要求对中等学校数学教育的教学内容、教学大纲、教学方法和教科书等各个方面进行改革。除传统几何教学外，也提升了中等数学教材内容水平，增加了近现代的数学内容，如引进解析几何、向量、微积分和概率论等。

新教科书方面，有美国的《统一的现代数学》（从幼儿园到大学预科）。

在新数学教学大纲方面，有苏联和日本的新数学教学大纲。

这些教学内容、教学大纲、教学方法和教材的共同特征如下：

结构化——统一化

公理化——抽象化

现代化——通俗化

几何代数化

传统数学精简化

电脑化——离散化教

学方法多样化

（一）美国的 SMSG

美国由"学校数学研究小组"编出了一整套数学课本，分为《初级数学》《代数初步》《几何》《中级数学》《初等函数》《矩阵代数导引》6 个部分，共 20 多册。又由"中学数学课程改革研究组"（SSMCIS）编出了《统一的现代数学》，一套 6 册。

这些课本，除了包含传统数学教学内容，还有集合、微积分、概率统计、逻辑代数、近世代数、线性规划以及电子计算机程序设计等新的内容，并用统一的"结构"观点来处理教材。

其中，SMSG 几何课本中就有一个由 30 条公理组成的体系。"新数"的推行者还认为代数也应该和几何一样实行公理化和系统化。

（二）英国的 SMP

英国的数学教育改革几乎与美国的"新数运动"同时进行，只不过在英国更多地称为"现代数学"。

在 1961 年的"南安普顿会议"上，英国决定在中小学引进"现代数学"。他们在小学实行"加宽课程"，增加测量练习、形状和空间、图表演示和逻辑思维等内容；改进学生对数学学习的态度，提高学生的理解能力；让学生通过实际操作，发展独立思考能力，掌握数学概念，学习数学知识；采用直观教具，改变传统的讲授教学法。

在中等数学教育方面，也有如下的一些新举措：

1. 制定新的数学教学大纲，针对各类中学的具体培养目标和各种学生能力水平，提出了不同的要求。

2. 增加近现代数学内容，如函数和群、代数结构、集合、矩阵、向量、统计和概率初步、综合性理论、交换性理论等。

3. 编写新的教材，如 SMP（School Mathematics Project）教材（学校数学设计）改进教学方法，采用直观教学和发现教学等方法。

4. 数学教学的重点放在培养学生的数学观点和训练学习方法上。

英国的 SMP 教材与美国的 SMSG 教材一样具有较大的影响力。SMP 教材具有以下的一些特点：

统一化：突出各部分之间的内在联系，把数学看成一个有机的整体，基本上打破了算术、代数、三角和几何各自独立、互不联系的状况。比如"纯"几何的完整体系以及欧氏平面几何、立体几何和解析几何的截然区别不再存在，几何内容大量渗透了实验的、代数的、变换的思想方法。

非形式化：通过更具体的和非形式化的方法来处理教学内容，SMP 教材主要是通过对图形的实验活动直观性、经验性地介绍几何知识，严格抽象的公理、定理体系和逻辑证明被淡化。其他的内容也是如此。每个新内容之前一般都有实验性、讨论性的材料做准备。比如通过一种纪念毕达哥拉斯邮票的图案来发现毕达哥拉斯定理，再比如通过购物单来介绍矩阵等，全书充满了非形式化的编写思想。

强调应用：SMP 教材中引进了拓扑、网络、统计、向量、矩阵、概率、计算机和程序设计、线性规划等应用性的现代数学内容，同时注意展示数学与生活中其他领域的关系，重视数学在现实世界中的应用。

（三）苏联柯尔莫戈洛夫的几何教材

20世纪六七十年代，受20世纪第二次数学教育改革向现代化发展的影响，苏联科学院和教育科学院在数学家柯尔莫戈洛夫的带领下，重建了中小学数学教育的内容，进入了苏联数学教育的柯尔莫戈洛夫改革时期。

柯尔莫戈洛夫时期的几何课程内容改革很大，向量方法、几何变换成为教材的核心思想，可以明显体现出当时国际数学教育发展的特征。

6—8年级平面几何是由柯尔莫戈洛夫亲自主编。6—8年级平面几何除用初等方法研究平面图形性质外，7年级的几何课程增加了向量的概念与运算；8年级课程增加了向量坐标的概念，把三角函数结合"旋转"列入几何课程，介绍了立体几何的初步知识，还按柯尔莫戈洛夫几何公理系统用向量方法讨论欧氏平面上的度量结构，并介绍了公理化方法。

9、10年级的立体几何增加了空间的变换、空间解析几何初步，向量的内容减少，欧氏几何内容的独立体系已不复存在。

在处理方式上，现代数学的思想与语言受到高度重视与运用，把映射作为几何课程结构的基础，以几何变换（对称、旋转、平移和位似）和向量（平面和空间的）作为证明几何命题的基本工具，并用数学分析的方法来推导度量公式，反映了课程现代化的特点。

二、关注有数学天赋儿童的数学教育

美国的科学家认为数学教育的主要任务是培养数学精英，促进有数学天赋儿童的教育研究与实践发展，同时也将奥林匹克竞赛的形式引进数学教学中。这种理念在世界上影响很大，突出的一例就是在苏联出现了培养数学、物理精英的数学，物理学校，这些学校迄今为止在数学界和数学教育界都有很强的影响力。中国积极向苏联学习，通过数学竞赛的开展来展现当时数学教育的精英理念。

（一）苏联的数学物理学校

苏联的数学物理学校创办于20世纪60年代，在50多年的发展中，它为俄罗斯数学（科学）及世界数学（科学）领域输送了大量的创造性人才，在国际数学教育界和数学英才教育研究和实践中显示出很强的影响力。[①]

在 2002 年召开的国际数学家大会数学教育卫星会议（重庆）上，俄罗斯著名的几何教育家沙日金在谈到本国的数学教育优势时说："如果研究一下苏联数学教育 80 年以来的发展，就会发现，作为新制度的一部分，苏联中学数学教育丁作是不均衡的，值得一提的就是超常儿童的非常规教育包括数学小组、数学竞赛、数学夜校、数学会议、数学学校、数学夏令营等等。"[②]

柯尔莫戈洛夫中学也称为莫斯科第 18 数学物理寄宿中学，成立于 1963 年 12 月，是一所寄宿制中学。其教学类似于高校，在二年内，学生要参加课程学习、讨论班和一些实践活动，每一学期期末都要参加考试。这些学生中有 80% 都会考上莫斯科大学，他们上了莫斯科大学之后不像其他学生那样在大一会有一个适应期。他们中的大部分后来都留在莫斯科大学成为教授或教师。

圣彼得堡大学附属中学也称为圣彼得堡第 45 数学物理寄宿中学，成立于 1963 年，于 1999 年更名为圣彼得堡大学附属中学。

（二）中国的中学数学竞赛

中国自 1956 年开始了国内的数学竞赛。1956 年 1 月《数学通报》刊登了中国科学院数学研究所所长、中国数学会常务理事会主席华罗庚先生的文章《在我国就要创办数学竞赛了》，以及中国数学会常务理事段学复先生的文章《学习苏联，举行数学竞赛》。在时任中国数学竞赛委员会主席华罗庚的积极努力下，1956 年在北京、天津、上海、武汉举办了第一届数学竞赛。

1946 年华罗庚访问苏联期间，在莫斯科大学聆听了苏联科学院院士、苏联教育科学院院士亚历克山得洛夫为青少年讲授数学，当时演讲的题目是《复虚数》。苏联的青少年能够有机会聆听世界一流的数学家的授课，令华罗庚敬佩羡慕。1953 年中国科学院代表团访苏期间，华罗庚是代表团成员，苏联同行向代表团的数学工作者传授了普及和发展数学、数学教育的宝贵经验。回国后，华罗庚积极促成中国的数学竞赛，亲自担任了首届数学竞赛委员会主席。

综上所述，在数学教育发展的精英教育阶段，从数学教学的发展来看走了一些弯路，但一方面获得了宝贵的经验，另一方面也为数学教育的多元化发展打下了基础。特别是就目前来看，在不同的经济发达国家都产生了关于数学天才儿童培养的国家

①　倪明.从战略上重视数学英才教育——俄罗斯数学物理学校的后示［J］.数学教学，2006［12］.

②　姚芳.沙日金初中几何教材研究与分析［D］.北京：首都师范大学，2008.

行为，并投入精力和物力来支持这项事业。中国，通过半个多世纪数学教育的移植和改良，在 20 世纪六七十年代完成了中国数学教育本土化的工作。

第三节　中学数学教育的多元化发展阶段

从世界范围来说，始于 20 世纪 60 年代的"新数学"在世界不同国家的发展状况各不相同，都在不同层次上有改革的举措，对整个数学教育研究起着很大的促进作用，使整个中学数学课程在原有基础上与现代数学的衔接有了一定的进步。但由于运动发展的急速、实验不充分，教师培训工作也没有跟上等因素，改革运动带有很大的盲目性，没有收到预期效果，受到了挫折。

到 20 世纪 60 年代末 70 年代初，渐渐暴露出一些问题，同时也出现了一些过头的倾向。主要存在的问题是：

（1）"新数"着眼于现代数学的观点，对学生未来工作生活的需要和社会对数学教育的总体要求考虑不够。

（2）抽象概念过早引入，学生难以接受和理解，影响学生的学习兴趣。

（3）"新数"只注重公理化、形式化和演绎推理，忽视了由直觉思维到形式思维所必需的转化过程。

（4）"新数"由于对应用重视不够，使学生的计算能力和恒等变形的能力有所下降，部分学生因不适应"新数"的学习成为"落后生"。

（5）学生计算能力差，学生负担过重，影响了教学质量。

始于 20 世纪 60 年代在苏联进行的柯尔莫戈洛夫课程优美的结构和现代数学思想曾经得到社会的广泛关注和赞赏，但在使用中出现的最大问题是不能适应大多数学生的实际水平，学生负担过重，空间想象、运用数学解决实际问题等最基本的数学能力减弱，而偏重抽象化、形式化、统一化处理的方式反而使大部分学生的数学理解能力受到影响，柯尔莫戈洛夫数学教育改革在苏联受到了批评。柯尔莫戈洛夫数学课程改革的教训告诉我们，在数学教学的最初阶段运用几何变换，需要进行教学处理。如果只是采用非正式的片段性的课程，同时研究某些几何定理和公式是可以的。但将这种严格的系统课程在中学进行，需要学生具有很高的理论概括能力和抽象能力，这些都超出了中学生理解力的范围。

在 20 世纪 60 年代初数学教育界的"新数"运动在世界范围内开展时，数学教育家弗赖登塔尔是当时为数不多的反对者之一。他是著名数学家伊兹·艾格博特斯·杨·布劳威尔的学生，以代数拓扑学和泛函分析研究方面的杰出工作确立了其作为国际著名数学家的地位，曾任荷兰数学会的两届主席。

弗赖登塔尔认为，新数运动的倡导者中，有许多人虽然是著名的数学家，但对教育方面的问题知之不多，其中有的人此前未做过任何数学教育方面的研究工作，由这样的数学家来主导如此重大的数学教育改革运动是不妥的。另外，作为"新数学"出发点的诸如集合、逻辑、关系等知识内容过于形式化和抽象，不适宜在学校基础教育中系统引入。学习数学需要思考，而思考需要实践，所以数学课程首先应当让学生知道他们面对的内容是些什么，要留给学生可以思考和可以动手的空间。如果内容本身像"天外来客"般让人感到无法琢磨，学生就不知道应该怎样做和怎样思考，就会感到茫然和无能为力，所以，"新数学"就会使学生产生"学过就忘"的感觉。

到 20 世纪 70 年代初，"新数"受到激烈的反对。数学教育界中"回到基础"的愿望高涨。批评"新数"过分强调理论知识在教学中的地位，脱离教学实践和生产生活实践，忽视读写算的基础训练。认为"新数"只是代表数学家和逻辑学家的兴趣，并不符合一般中学生和教师的实际情况，它所注意的是数学纯理论的抽象的东西，而忽略了数学的实际应用和基本训练。在非难声中，1973 年美国 SMSG 宣告解散，所编的一套课本也停止使用。

随着"新数"运动弊端的产生，各国开始反思数学现代化运动的教训，从而开始"回到基础"，并得到了第四届国际数学教育大会（1980）的认可。

20 世纪 80 年代至今，数学教育进入以大众教育为主的多元化发展阶段，具有以下特征。

一、数学教育基础理论的丰富与发展

（一）让·皮亚杰的认知心理学与数学学习

皮亚杰生于瑞士，是近代著名儿童心理学家。他关于认知发展的理论是这个学科的典范。皮亚杰早年接受生物学的训练，大学时期学习哲学。但他在大学读书时就已经开始对心理学有兴趣，曾涉猎心理学早期发展的各个学派，如病理心理学、弗洛伊德和荣格的精神分析学说。

从 1929 年到 1975 年，皮亚杰在日内瓦大学担任心理学教授。皮亚杰对心理学最重要的贡献是他把弗洛伊德的那种随意、缺乏系统性的临床观察，变得更为科学化和系统化，使其日后在临床心理学上有长足的发展。

儿童的认知发展阶段理论是皮亚杰最著名的学说。他把儿童的认知发展分成以下四个阶段：

（1）感知运动阶段（感觉—动作期，0—2 岁）。靠感觉获取经验。在 1 岁左右，发展出物体恒存的概念，以感觉动作发挥图式的功能。

（2）前运算阶段（前运算思维期，2—7 岁）。已经能使用语言及符号等表征外在事物，会使用不具保留概念，不具可逆性，以自我为中心，即不能区分主体与客体。

（3）具体运算阶段（具体运算思维期，7—11 岁）。了解水平线概念，能使用具体物之操作来协助思考。

（4）形式运算阶段（形式运算思维期，从 11 岁开始一直发展）。开始会类推，逻辑思维达到较高水平，开始具有抽象思维。

皮亚杰的认知心理学学习理论在 20 世纪 80 年代逐步运用到数学教育中。例如，皮亚杰通过大量的实验，并运用他的儿童认知发展的四个阶段理论分析了儿童对拓扑概念（关系）、欧氏图形、测量以及射影几何中的透视关系与投影的认知特点和阶段性，提出并验证了下面的结论。

（1）空间表示是通过儿童主动和内化行为的逐渐组织而构建起来的，导致了运算系统。因此，空间表示不是空间环境感性的"读出"，而是来自环境早先操作活动中的积累。

（2）儿童在几何方面的发展顺序似乎正好是同历史上发现（几何）的顺序相反，即最初构建拓扑关系（例如，连通性、封闭和联系性），后来是射影（直构成）以及欧几里得（多边形、平行和距离）关系更合逻辑。

（二）波利亚的数学问题解决理论

波利亚（George Polya，1887-1985），美籍匈牙利数学家，生于布达佩斯，卒于美国。青年时期曾在布达佩斯、维也纳、巴黎等地攻读数学、物理和哲学，获博士学位。1914 年他在瑞士苏黎世丁业大学任教，1938 年任数理学院院长。1940 年他移居美国，历任布朗大学、斯坦福大学教授，1963 年获美国数学会功勋奖。他是法国科学院、美国全国科学院和匈牙利科学院的院士。他著有《怎样解题》①《数学的发现》②《数学与猜想》③ 等，它们被译成多种文字，广为流传。

波利亚主张数学教育的主要目的之一是发展学生的解决问题的能力，教会学生思考。他于 1944 年在美国出版了《怎样解题》，其中"怎样解题表"总结了人类解决数学问题的一般规律和程序，对数学解题研究有着深远影响，迄今此书已销售一百万册，被译成至少 17 种语言广为传播，可以说是一部现代数学名著。他随后又写了两部这类书。其一是 1954 年出版的两卷本《数学与合情推理》④，深入阐述了在《怎样解题》以及其他论文中所提到的启发式原理，被译成 6 种语言。其二是出版了两卷本的《数学的发现》，1962 年出版第一卷，1965 年出版第二卷，1981 年又合成一卷再版，被译成 8 种语言。

这些书籍一经出版，立刻在美国引起关注。目前，波利亚的以上著作都已经翻译成了中文，应用于数学教育研究和实践领域。

（三）弗赖登塔尔的现实数学

弗赖登塔尔（H. Freudenthal，1905—1990）认为，传统的数学教育模式是一种类似于把学生训练成计算机的模式。弗赖登塔尔反对把数学教育的目标主要是看成"致力于智力（思维能力）的发展"。他认为，如果把智力教育价值看成数学教育的主要目的，则毫无疑问，数学教育的内容只能是那些经过精心组织的、条理清晰的数学结构，因为只有这样的内容才便于向学生脑子里嵌入成套的数学结构和逻辑的思考方法。

而问题恰恰出现在这里，传统数学教育的模式使得"大多数学生不知道如何把他们从课堂上学到的数学知识应用到物理和化学学习中去，也不知道如何在与他们息息相关的日常生活中应用课堂上学到的数学知识"⑤。之所以出现这样的结果，其根本的原因在于传统数学教育采取的是一种培养数学家的模式，它提供给学生的是一些正规的数学系统和现成的数学结果，"虽然这些系统是完美的，但同时也是封闭

---

① ［美］G.波利亚.怎样解题［M］.阎育苏,译.北京：科学出版社,1982.

② ［美］G.波利亚.数学的发现——对解题的理解、研究和讲授：第1卷［M］.刘景麟,等,译.北京：科学出版社,1982.

③ ［美］G.波利亚.数学与猜想：第1卷［M］.徐本顺,解恩泽,编译.北京：科学出版社,1984.

④ ［美］G.波利亚.数学与猜想——合情推理模式：第1卷［M］.李志尧,等,译.北京科学出版社,1984.

⑤ ［荷兰］弗赖登塔尔.作为教育任务的数学［M］.陈昌平,等,编译.上海：上海教育出版社,1995.

的，封闭到没有出口和入口，完美到机器亦能处理。一旦机器可以介入，人的作用就不重要了"①。所以，这样的内容教师只能采用"灌输"式的教学方式，学习者的参与只能是被动的。

弗赖登塔尔认为这是一种类似于把学生训练成计算机的教育模式，即学生只能被动地执行程序，没有留给他们发挥主动性和创造性的空间。其结果不仅在计算方面人无法与计算机相比，而且严重抑制了人在思维方面的主动性和创造性的发展。

他认为数学在本质上是一项人类活动，通过数学课程让学生重复人类数学发现的过程是可能的。"数学是一项人类活动"是著名数学家布劳威尔的名言。弗赖登塔尔是布劳威尔的学生，并于1930年担任了布劳威尔的助教。弗赖登塔尔继承了布劳威尔的观点，并把这一观点引入数学教育领域，比如，以讲授"现成结果"为主，以"灌输"为特征的传统数学教育必须加以改变。学生具有"潜在的发现能力"，他们本身的思维和行为方式已经具备了某种教师甚至研究人员的特征，在他们身上实现重复人类数学发现的活动是可能的。数学教育就应当发展这种潜能，使已经存在于学生头脑中的那些非正规的数学知识和数学思维上升发展为科学的结论，实现数学的再发现。数学教育应当是引导学生重复人类数学发现的过程，是实现数学再发现再创造的教育。他还认为数学教育应当从学生熟悉的现实生活开始和结束。

根据弗赖登塔尔的观点，数学教育不能从已经是最终结果的那些完美的数学系统开始，不能采用向学生硬性嵌入一些远离现实生活的抽象数学结构的方式进行。数学教育应当从学生熟悉的现实生活开始，沿着数学发现过程中人类的活动轨迹，从生活中的问题到数学问题，从具体问题到抽象概念，从特殊关系到一般规则，逐步通过学生自己的发现去学习数学、获取知识。得到抽象化的数学知识之后，再及时把它们应用到新的现实问题上去。按照这样的途径发展，数学教育才能较好地沟通生活中的数学与课堂上数学的联系，才能有益于学生理解数学、热爱数学和使数学成为生活中有用的一门学科。

这些数学教育家有的是数学家，有深刻的数学学习经历，他们从个人和自己孩子的学习经历以及大量实验中建立了关于数学学习和教学的理论，这些理论在世界范围内都有一定的影响力。

---

① ［荷兰］弗赖登塔尔.作为教育任务的数学［M］.陈昌平,等,编译.上海:上海教育出版社,1995.

二、数学课程标准及教材的研发和制定

（一）中国数学教学大纲、课程标准的制定及教材开发

1958 年至 1961 年，全国各地不同程度地进行了学制试验和自编教材试验，但全国大多数学校采用人民教育出版社编写的教科书，数学课程基本上是统一要求，学生没有选择的余地。

为了使改编自苏联的数学教材适合中国的国情，研究人员到工厂、中学、大学和农村进行了大量的调查研究，对苏联数学教材进行了本土化的实验和研究。1963 年我国的学制从苏联的 10 年制改回 12 年制，1963 年开始使用的中学数学教学大纲进一步明确了"双基"与培养计算能力、逻辑推理能力和空间想象力"三大能力"的要求。

1978 年改革开放后，数学教育开始得到重新重视。在 1978 年至 2000 年间，中小学数学教学大纲进行了几次修改调整，数学教材也从"一纲一本"向"一纲多本"过渡。

21 世纪之初，课程改革开启了基础教育的新篇。现行的数学课程内容分成数与代数、图形与几何、统计与概率、综合与实践四个部分，提出了以"基础知识、基本技能、基本思想、基本活动经验"（也称"四基"）以及"发现问题、提出问题、分析问题、解决问题"能力（也称"四个能力"）为核心的课程目标。

高中阶段的课程内容则分为必修和选修两部分，课程更加灵活，学生可以在必修的基础上根据兴趣和未来感兴趣的专业进行选择。

新一轮数学课程改革的另一个特点是教材的多样化。目前，无论是义务教育阶段还是高中阶段，都有多套教材可供选择，这不仅能够实现教材的特色化建设，也会使教材的建设有了更大的动力，最终的目的还是给学生提供更好的学习平台。

（二）苏联及俄罗斯的数学课程与现行的教材

苏联数学教育中的一项重要措施是在高年级开设两种类型的数学选修课，其一是立足于加深、拓广对必修课内容的研究，其二是适应学生的某些专业兴趣，讨论某些专题。选修课这种教学形式，对于补充必修课之不足具有积极作用而保留至今。

1991 年苏联解体，同年，俄罗斯联邦教育部发表了"转换期共和国教育的安定和发展计划"。1992 年，俄罗斯联邦又颁布了《俄罗斯联邦教育法》。这两个文件的

制定和发布，目的是在国内政治体制和社会生活发生激烈动荡和巨大变化的时刻保持教育稳定，并使之既同国内新的社会政治格局相适应，又遵循以往的总体设想而继续发展。

此后，俄罗斯的数学教育从体制、教材编制、教学方法和教学形式等方面呈现出多样化、个性化和人性化发展的趋势。于是出现了国立、私立、公立多样化的学校，出现了不同的教学计划和大纲，教育水平也出现了差异。而后，改革派在政府官员的支持下，研制完成了比较激进的倾向于美国数学教育观念的数学课程标准。1993年莫斯科数学会中学组研制完成《国家数学教育标准》（讨论稿）。1998年发布了由俄罗斯教育科学院研制完成的联邦（国家）各科普通教育标准，其中包括数学教育标准。1998年，还发布了《莫斯科地区数学教育标准》。但是，这些数学教育标准一经公开发表或出版，立即引起了社会各界的激烈反对，著名科学家、文学家、数学家、教育家纷纷以各种方式参加了讨论，对俄罗斯教育（包括数学教育）的前景表示了由衷的担忧。因而上面提到的标准并没有在俄国实施。

2002年下半年，由数学教育家（例如沙日金）、数学家（阿纳索夫院士、阿尔诺德院士、莫斯科大学校长萨朵乌尼奇院士等）、中学数学教师参加的数学国家教育标准研制组进行了紧张的工作。于2003年1月完成了《俄罗斯联邦数学课程标准（基础学校）》初稿。初中部分的课程标准是面对全体学生的，而高中分为两部分：基础学校和有侧重的学校。

2003年1月31日编制的《俄罗斯联邦数学课程标准（基础学校）》草案关于5—9年级的教学内容与大纲相比较可以看到，在初中几何内容中除大纲原有的几何形和几何体、三角形、四边形、圆和圆周、平面图形的面积、坐标和向量、平面变换等章节内容之外，还增加了"几何的习题与方法"（包括确定几何位置的方法、对称方法、相似方法、面积方法、补充构造辅助三角法，最简单的尺规作图，坐标法、向量法、计算题、证明题、构造题、点的几何位置题，几何习题的分段解决，在几何题中列方程，在习题中利用圆的性质等）及"几何和一般文化"（包括几何发展史、在几何发展中俄罗斯数学家的作用，建构几何课程的科学基础，几何和艺术、几何和人类实践活动，初等几何和现代科学，趣味几何等）这两个特色章节。

值得一提的是，在1998年的《俄罗斯学校教育标准（数学）》与2003年的《俄罗斯联邦数学课程标准（基础学校）》草案中，对学生的基础知识要求程度具体化了，标准后附上一些习题清单。2003年的标准的习题清单还分为两个不同的层次：标准的和最基本的。习题清单作为标准不可分割的一部分，这在以往的大纲中是没有的。

对于课程标准的看法，在俄罗斯有两种颇具代表性的不同的观点。这两种观点实际上也代表了俄罗斯数学教育界对数学教育改革所持的态度。第一种观点认为，数学教育标准是为了保证俄罗斯领土上的统一的教育空间，为基础数学教育提出的基本要求和目标，即最低要求。第二种观点认为，数学教育的标准不应该是对学生基础知识的最低要求，特别是在经济水平发展相对比较低的国家，例如俄罗斯。理由之一：在每一个国家，教育的一般目的要与历史时期相适应，取决于社会政治状况以及国家的发展道路。显然，在一个国家，从稳定的、高度发展的经济和大部分公民的高水平生活来看，社会体制的再生产是教育的最重要的任务。关于这一点，教育水平也许可以不是最高的，生产必需的一般的教育水平可以依赖专业人员的输入。而在经济不发达的国家，由于生活水平很低，没有能力输入专业人员，只能依赖内部潜力，教育体系几乎是发展的唯一途径。同时，这种教育资源不但可以在本国内部满足需求，还可以提供给外部市场。所以，可以认为，发展社会经济是当今教育的最重要的目标。

理由之二：有一种观点认为高水平的数学教育只是被科学技术的杰出人物所需要，而对于大多数公民限制在最低水平就可以了。这是一种很危险的观点。首先，好的数学教育对所有的各类包括离数学很远的专业人员都有益，可以促进达到个人成就。其次，在中学阶段很难确定谁将来会做什么，谁会成为杰出人物，而谁又不会成为精英。提出那样的问题甚至是不理智的。最后，如果把数学教育体系比作一座山，那么山的顶峰就对应着杰出人物。为了使相对于现代要求的顶峰在最高处，必须正确建构这座山。当我们放低山麓的同时，也会放低顶峰。进入20世纪80年代，经苏联教育部教材编审委员会推荐，若干种几何试验教材同时获准出版，几种教材同时并存教师自主选择。这其中包括著名的阿达纳相的几何教材、沙日金的几何教材。阿达纳相的几何教材仍然沿袭欧几里得风格，并配有良好的习题集。

而沙日金几何教材的出现也给数学教育界带来了一股久违的新风。这些教材在俄罗斯都具有一定的代表性。在这一时期的数学试验教材普遍删减了现代数学的理论材料，而力图用现代数学的观点、方法来指导教学内容的选取和组织，由此体现出数学教育的现代性。俄罗斯联邦教委也颁布了中小学新的教育计划，提出遵循"区别教育"的原则，即在实现统一的基本教学内容和基本教学要求的基础上，提倡教学内容、教学要求和教学形式的多样性，以适应学生。

（三）英国的数学课程

在英国，"新数"运动后，为了回应人们对学校教学质量的广泛批评，1978 年成立了以考克罗夫特博士为首的"学校数学教学委员会"。该委员会在深入调查和研究的基础上，1983 年向英国政府提交了著名的报告《数学算数》，也称《考克罗夫特报告》。该报告成为英国上世纪 80 年代学校数学教育和课程改革的纲领性文件。

1988 年英国国会通过了《教育改革法案》，该法案从根本上改变了英国传统课程中的中央、地方和学校间的伙伴关系，要求建立全国统一的"国家课程"，以确保每个学生能在义务教育阶段获得广泛而系统的基础知识和技能。在该法案的影响下，英国政府成立了专门的工作小组来制定具体的国家课程标准，并于 1989 年颁布。

1989 年颁布的英国课程标准把整个义务教育阶段分成四个学段，包括：第一个学段是 1—2 年级（5—7 岁），第二个学段是 3—6 年级（7—11 岁），第三个学段是 7—9 年级（11—14 岁），第四个学段是 10—11 年级（14—16 岁）。[①]

这个课程标准的主要内容包括数学学习纲要和成绩目标两方面。数学成绩目标一共包括 14 个，每一个目标都被描述成难度渐增的 10 个级别的学习水平，即数学达成目标。

1989 年的数学课程标准实施后，经过了两次修改调整。随着 21 世纪的来临，英国政府又于 1999 年颁布了新的同家课程。数学课程的成绩目标分四大方面的内容展开：数与代数，形状、空间和测量，数据处理以及数学的实际应用。虽然英国自 1988 年建立了义务教育阶段的统一课程，但教材的编写、发行与使用是自由的。在英国处于义务教育阶段的小学和中学普遍使用教科书进行教学，教科书起着课程中介物的作用，同时教材还是课堂教学和课后练习的相当有价值的资源。

（四）美国的数学课程

美国的早期教育由于殖民的原因深受英国的影响。20 世纪 80 年代之前，美国没有统一的"课程标准"，各州及学区有权力决定使用哪种教材。80 年代前后，美国参与了"第二次国际数学教育比较研究"，结果不尽如人意，全国没有统一的课程标准是影响成绩的原因之一。

为此，80 年代中期，全美数学教师理事会决定成立一个委员会来制定学校数学的

---

① 徐文彬，杨玉东.英同国家数学课程标准介绍［J］.中学数学教学参考，2006［6］.

标准，以改进学校的数学质量。经过几年的努力，1989 年出台了美国学校《数学课程与评价标准》。尽管全美数学教师理事会作为民间组织，所研制的文件不具有官方的、政府的指令性，但还是在一定程度上起到了统一要求的作用。该标准将基础教育阶段划分为三个学段：1—4 年级、5—8 年级、9—12 年级。将"作为解决问题的数学""作为交流的数学""作为推理的数学""数学的联系"作为各个学段统一的标准。除此之外，各个学段还有不同的内容标准，如 5—8 年级的数与数的联系、数系与数论、计算与估算、模式与函数、代数、统计、概率、几何、测量等；9—12 年级的代数、函数、综合几何、解析几何、三角、统计、概率、离散数学、微积分的概念基础、数学结构等。然而，"第三次国际数学和科学研究"的结果仍然不理想，专家学者的批评意见促使全美数学教师理事会于 1996 年开始着手修订工作，并于 2000 年出版发行了《学校数学教育的原则与标准》。

在《学校数学教育的原则与标准》中，首先提出了六项原则：平等原则、课程原则、教学原则、学习原则、评定原则、技术原则；设定了四个学段：1—2 年级、3—5 年级、6—8 年级和 9—12 年级。而且各个学段都有统一的标准要求：运算、代数、几何、度量、数据分析与概率、问题解决、推理与证明、交流、关联、表征共十个标准。虽然标准相同，但具体的要求是不同的。

三、国际性数学教育研究交流与评价的繁荣与发展

在全球化的发展背景中，数学教育的国际性研究评价和交流也呈现出活跃和发展的局面。

第三次国际数学和科学评测（Third International Mathematics and Science Study，TIMSS）和国际学生评估项目（Programme for International Student Assessment，PISA）是两项很有影响的国际性学生学习评价项目，国际数学教育大会则是世界各国数学教育研究者交流对话的平台。下面仅从这些方面来窥探数学教育的国际性研究与发展情况。

（一)TIMSS 和 PISA

TIMSS 是由国际教育成就评价协会发起和组织的国际教育评价研究和评测活动，其含义为国际数学与科学趋势研究项目。成立于 1959 年的国际教育成就评价协会（the International Association for the Evaluation of Educational Achievement，IEA）曾经在

20 世纪 60 年代初组织了由 10 多个国家参加的第一次国际数学评测和第一次国际科学评测。70 年代末 80 年代初 IEA 又组织了第二次国际数学评测和第二次国际科学评测。

1994 年，国际教育成就评价协会在美国国家教育统计中心（NCES）和国家科学基金会（NSF）的财政支持下，发起并组织了第三次国际数学和科学评测，这次活动被简称为 TIMSS。1999 年这项活动继续进行，并被称为 TMSS–R 或 TMSS–REPEAT。

2003 年，为了更好地延续这项有意义的研究活动，TIMSS 成为国际数学和科学评测趋势的缩写，从而使 1995 年、1999 年、2003 年的三次测试有了统一的名称。这三次测试是当代青少年数学教育和科学教育的重要的国际比较研究，对我国的数学教育和科学教育有一定的启发和借鉴意义。

TIMSS 主要测试四年级和八年级学生的数学与科学学业成绩，以及达到课程目标的情况，前几届中国大陆没有参加项目测试。2012 年 12 月 10 日，4 年一届的 TIMSS 项目中国香港和中国台湾地区参与其中，并取得骄人成绩。

2000 年，开展了一种对学生的国际性评价项目，称为 PSA，之后每 3 年举行一次。评价内容包括数学素养。评价方式是在不同国家取 4500 到 10000 名初三与高一为主的学生作为对象进行测试。上海于 2006 年提出申请，2009 年和 2012 年都获得所测三个单项（包括数学）和总分第一的成绩。

（二）国际数学教育大会

国际数学教育大会的成立和初期发展在本章第一节中有过阐述，主要表现为多方举办地和参加交流的人数逐年增加。

第一届国际数学教育大会（ICME–1）于 1969 年 8 月在法国里昂召开，来自 42 个国家的 650 名正式代表参加了这次大会。

经过了近代数学教育发展的前两个阶段即数学教学发展的以传统为主向现代的过渡阶段和数学教育发展的精英教育阶段之后，从数学和数学教育两个领域来看，对数学教育的认识都开始趋向于向比较客观的方向发展，多元化的发展成为一种共识。

第二章 中学数学教育基本理论

在进行中学数学教育的设计与应用之前，首先需要了解中学教学教育的基本理论。弗赖登塔尔数学教育理论、建构主义理论、情境认知理论是支撑中学数学教学的支架，以下对其分别进行具体介绍。

第一节 弗赖登塔尔数学教育理论

一、弗赖登塔尔评述

汉斯·弗赖登塔尔是荷兰著名数学家、数学教育家，是 20 世纪最伟大、最具影响的国际数学教育权威之一。作为一名数学家，他的主要研究领域是拓扑学和李代数，同时也涉及其他数学分支及哲学和科学史领域。早在 20 世纪三四十年代，他就以拓扑学和李代数方面的卓越成就而为世人所知。作为一名数学教育家，他非常关注教育问题，很早就把学习和教学作为自己思考和研究的对象，并简单地解释说："我一生都是做教师，之所以从很早就开始思考教育方面的问题，是为了把教师这一行做好。"[①] 在随后长期的数学教育研究实践中，他逐步形成了适应儿童心理发展、符合教育规律、经得起实践检验、并具有自己独特风格的数学教育思想体系。他的这一体系，不仅在很大程度上改变了荷兰数学教育的面貌，也通过世界范围内的相互交流，极大地推动了国际数学教育研究的发展，尤其是他的"数学化"和"再创造"思想对各国中小学数学教育的改革产生了巨大的推动力。作为具有国际盛名的数学教育家，

---

① ［荷兰］弗赖登塔尔.作为教育任务的数学［M］.陈昌平，等，编译.上海：上海教育出版社，1995.

他从 1954 年起担任荷兰数学教育委员会主席，1967 年又担任国际数学教育委员会主席，并主持召开了第一届国际数学教育大会（ICME），创办了世界性数学教育杂志《数学教育研究》。鉴于他在数学教育方面的巨大成就和贡献，人们把他和伟大的德国几何学家克莱因相提并论，"认为对于数学教育，在 20 世纪上半叶是克莱因做出了不朽的功绩，而在下半叶则是弗赖登塔尔做出了巨大的贡献。"①

弗赖登塔尔主要有 3 本数学教育方面的论著：《作为教育任务的数学》②《除草与播种 数学教育学的序言》与《数学教育再探 在中国的讲学》③。在上述著作中，弗赖登塔尔详细论证了为什么必须对传统数学教育进行改革，系统阐述了其数学教育思想的理论体系，具体探讨了如何按其观点设计数学课程、编写数学教材以及教学方法等方面的问题。以下将对其数学教育思想作较为详尽的阐述。

二、弗赖登塔尔的数学教育思想

（一）弗赖登塔尔数学教育思想的基础

1. 对数学本质的看法

弗赖登塔尔认为，"数学是系统化了的常识"，而常识并不等于数学，"常识要成为数学，必须经过提炼和组织，而凝聚成一定的法则（如加法交换律），这些法则在高一层次又成为常识，再一次被提炼、组织，而凝聚成新的法则，新的法则又成为新的常识，如此不断地螺旋上升，以至于无穷。这样，数学的发展过程就显出层次性，构成许多等级，同时也形成诸如抽象、严密、系统等特性"。④

"数学是一种相当特殊的活动"，这种观点是区别于"数学作为印在书上和铭记在脑子里的东西"。他认为，数学家或者数学教科书喜欢把数学表示成"一种组织得很好的状态"，也即"数学的形式"，是数学家将数学（活动）内容经过自己的组织（活动）而形成的；但对大多数人来说，他们是把数学当成一种工具，他们不能没有数学是因为他们需要应用数学。对于大众来说，是要通过数学的形式来学习数学的内容，从而学会相应的（应用数学的）活动。⑤

① 克莱因.数学：确定性的丧失 [M].李宏魁，译.长沙：湖南科学技术出版社，2007.
② 弗赖登塔尔.作为教育任务的数学 [M].陈昌平，等，编译.上海：上海教育出版社，1995.
③ 弗赖登塔尔.数学教育再探 在中国的讲学 [M].刘意竹，等，译.上海：上海教育出版社，1999.
④ 弗赖登塔尔.作为教育任务的数学 [M].陈昌平，等，编译.上海：上海教育出版社，1995.
⑤ 弗赖登塔尔.作为教育任务的数学 [M].陈昌平，等，编译.上海：上海教育出版社，1995.

2. 对数学特征的看法

数学教育研究不能离开它的对象数学的特有规律。为此，弗赖登塔尔在其巨著《作为教育任务的数学》中，对今日数学的特征做了详细的论述。他从数学发展的历史出发，深入研究了数学的悠久历史以及现代数学形成的背景，提出了现代数学的转折点，是否应该以现代实数理论的诞生和约当置换群的产生作为标志；或者是以著名的布尔巴基理论的出现，作为一个新时期的开端基于这一分析，弗赖登塔尔从现代数学的变化，诸如方式的改变变量、函数、句法结构的前后不连贯、日常用语满足不了数学的精巧要求、形式化的工作、外延性抽象、公理化的抽象、思辨数学与算法数学、组织与数学化等方面，逐步对今日数学的发展进行了深入的分析，并对几何直观在整个数学中的渗透以及数学应用的广泛性进行了讨论。

我国著名学者张奠宙教授也对此问题进行了讨论，并在其《数学教育学》一书中，将弗赖登塔尔对现代数学的看法归结为以下几个方面：数学表示的再创造与形式化活动，数学变化更多的是形式的变化，而非实质内容的变化；数学概念的建设方法，从典型的通过外延描述的抽象化，进而转向实现公理系统的抽象化，承认隐含形式的定义；传统的数学领域之间界限日趋消失，一贯奉为严密性典范的几何，表面上看来似乎已经丧失了昔日的地位，实质上正是几何直观在各个数学领域之间起着联络的作用。[①] 正如康德所说，缺乏概念的直观是空虚的，缺乏直观的概念是盲目的。相对于传统数学中对算法数学的强调，现代数学更重视概念数学，或者说是思辨数学。

综上，不难看出，弗赖登塔尔对现代数学的认识主要是从数学方式描述的形式化、传统数学分支的综合化、数学组织的结构化、现代数学应用的多元化等方面来分析现代数学的特性。

3. 关于数学教育的用处与目的的观点

学习数学究竟为了什么？进行数学教育，最终要达到什么效果？是人们议论最多，也常常困扰学生、家长和教师的问题。对此，弗赖登塔尔从数学教育的角度，通过对通常提到的数学教育的用处和目的进行了仔细的分析和探讨后指出："数学教育最大的问题就是用处和目的之间的分歧，任何一个其他的教育领域，都不像数学教育那样，在无用处的目的与无目的的用处之间有着如此大的距离。"[②]

他指出，"数学教育的目的很难确切地表达"，一方面，因为数学应用广泛，又有高度的灵活性，且每个人将来究竟需要用到哪些数学难以预测，因此数学教学必

① 张奠宙，唐瑞芬，刘鸿坤. 数学教育学［M］. 南昌：江西教育出版社，1991.
② 弗赖登塔尔. 作为教育任务的数学［M］. 陈昌平，等，编译. 上海：上海教育出版社，1995.

须从数学内在的体系出发，通过整个数学教育让学生掌握数学的整个结构，但又不能忽视社会和学生的实际需要，一味地为培养数学家而进行数学教育。对此他强调说，除了未来的数学家，还有许多人必须学数学，其中只有少数人会用到比较复杂的数学，大多数人只用一些简单的数学，而即使是那些从不应用数学的人，也应该学习数学，因为数学已经成为人类生存所不可缺少的一个方面。[①]

另一方面，由于从过去、现在一直到将来，教数学的教师都不可能浮在半空中，学数学的学生也必然属于社会，因此认真考虑数学在社会中的角色，应该成为数学教育的首要目的，即数学教育必须让学生了解数学在解决实际问题中的作用，会运用数学于具体现实。

他又指出，通常人们认为数学是"智力的磨刀石"，对所有的人而言，数学都是必不可少的思维训练，甚至强调数学可以训练人的逻辑思维，把数学作为测量学生智力和潜能的一种方法。但究竟什么是逻辑思维？是否存在思维训练？数学又是不是其中一种，甚至是最好的一种？数学学好了就等于一切都有可能学好了吗？这些都是很难回答的问题。[②]

他还指出，人们也常常因数学可以解决许多问题，而对数学产生极高的信念，以为数学可以给人们提供解决各种问题的手段，以及思维方法，这就为综合地分析各种因素，顺利地解决各种问题创造了条件，从而形成了能力。但数学究竟能培养哪些能力，数学与这些能力培养之间有多么密切的联系等也都是难以确切回答的问题。[③]

对于数学教育的任务，弗赖登塔尔认为每个人都有自己的"数学现实"，每个人在数学上能达到的层次因人而异，这决定于先天与后天的条件，但是，多数人都能达到的层次是必然存在的。因此，数学教育的任务就在于帮助多数人去达到这个层次，并努力不断提高这个层次和指出达到这个层次的途径。弗赖登塔尔在以上认识的基础上，提出了他对数学教育的看法。在他看来，数学教育具有以下五种特征：①情境问题是教学的平台；②数学化是数学教育的目标；③学生通过自己努力得到的结论和创造是教育内容的一部分；④"互动"是主要的学习方式；⑤学科交织是数学教育内容的呈现方式。这些特征又可概括为数学现实、数学化、再创造。[④]

① 弗赖登塔尔. 作为教育任务的数学［M］. 陈昌平，等，编译. 上海：上海教育出版社，1995.
② 弗赖登塔尔. 作为教育任务的数学［M］. 陈昌平，等，编译. 上海：上海教育出版社，1995.
③ 弗赖登塔尔. 作为教育任务的数学［M］. 陈昌平，等，编译. 上海：上海教育出版社，1995.
④ ［荷］弗赖登塔尔. 作为教育任务的数学［M］. 陈昌平，等，编译. 上海：上海教育出版社，1995.

（二）弗赖登塔尔的数学教育思想

1.数学现实

数学源于现实，也必须寓于现实，并且用于现实。这是弗赖登塔尔"数学现实"思想的基本出发点。他从巴比伦的数学到埃及的数学再到希腊的数学逐一作了分析和思考后发现，在巴比伦时代，数学是平民、商人、工匠、测量员以及天文学家的数学；在希腊，航海人员等都需要数学，虽然那是极为贫乏的数学应用。同时得出："如果没有应用的推动，数学会变得多么贫乏！数学起源于实用，它在今天比任何时候都更有用！"但其实，这样说还不够，我们应该说"倘若无用，数学就不存在了"的论断。[①]

在以上认识的基础上，弗赖登塔尔形成了他关于"现实数学"的数学观和数学教育观。

（1）数学观——现实的数学

对此，他指出，一方面根据数学发展的历史，无论是数学的概念，还是数学的运算与规则，都是由于现实世界的实际需要而形成，数学不是符号的游戏，而是现实世界中人类经验的总结。数学来源于现实，因而也必须扎根于现实，并且应用于现实。数学不能脱离那些丰富多彩而又错综复杂的背景材料，否则就将成为"无源之水，无本之木"。

另一方面，数学是充满了各种关系的科学，通过与不同领域的多种形式的外部联系，不断地充实和丰富着数学的内容。与此同时，由于数学本身内在的联系，形成了自身独特的规律，进而发展成为严谨的形式逻辑演绎体系。因此，数学是现实的，是现实世界的抽象反映和人类经验的总结。它的过去、现在和将来都属于现实世界，属于社会。

（2）数学教育观——现实数学教育

在《作为教育任务的数学》一书中，弗赖登塔尔曾说："数学的整体结构应该存在于现实之中，只有密切联系实际的数学才能充满着各种关系，学生才能将所学的数学与现实结合，并且能够应用……"[②]并指出，"对非数学家而言，与亲身经历的现实的联系将是至关重要的。"他主张数学应该属于所有的人，为此必须将数学教给所有人，但人与人之间的差别可能很大，不同的人需要不同的数学，也就联系着不同

①　弗赖登塔尔.作为教育任务的数学［M］.陈昌平，等，编译.上海:上海教育出版社，1995.
②　弗赖登塔尔.作为教育任务的数学［M］.陈昌平，等，编译.上海:上海教育出版社，1995.

的现实世界，即不同的人有不同的"数学现实"，其中包括个人接触到的客观世界中的数学规律以及有关这些规律的数学知识结构。

根据英国考克罗夫特的报告，他们在进行了广泛的调查，分析了一些比较实际的资料后提出，人们所需要的数学可以分为三种水平：

第一种是日常生活的需要。从个人消费、家庭开支到国家建设，处处都要涉及各种数字、图表、测量问题，这些大多是比较简单的数学知识，却是每个人都必须知道的。

第二种是不同的技术或者说是各种职业的需要。从工程技术人员、农业技师到各行业的服务人员，在相当广泛的不同领域内，从事各种不同性质工作的人，从各个不同方向，对数学知识提出了种种要求，当然其中也含有某些共同的部分。

第三种是为进一步学习并从事高水平研究的需要。这部分包括的范围很大，差别也很大。未来的科学家、企业家、管理家等，都需要与各个领域相关的不同分支的数学知识，它们也许有共同的基础及类似的数学思想方法学，却涉及千变万化的具体内容。

这也就是说，每个人都有自己的一套"数学现实"，即"每个人都有自己生活、工作和思考着的特定客观世界以及反映这个客观世界的各种数学概念、运算方法、规则和有关的数学知识结构"，其中既含有客观世界的现实情况，也包含个人用自己的数学水平观察这些事物所获得的认识。从这个意义上说，这里所谓的"现实"不一定限于具体的事物，作为属于这个现实世界的数学本身，也是"现实"的一部分，或者可以说，每个人也都有自己所接触到的特定的"数学现实"。大多数人的数学现实世界可能只限于数和简单的几何形状以及它们的运算，另一些人可能需要熟悉某些简单的函数与比较复杂的几何。至于一个数学专家的现实世界可能就要包含希尔伯特空间的算子、拓扑学以及纤维丛等。因此，数学教学必须从学生的数学现实开始，不断地扩展。教师的任务就在于确定各类学生在不同阶段所必须达到的"数学现实"，并随着学生所接触的客观世界越来越广泛，了解并掌握学生所实际拥有的"数学现实"，据此采取相应的方法，予以丰富，予以扩展，以逐步提高学生所具有的"数学现实"的程度并扩充其范围。数学教育本身也应该是以这些不同的数学现实为基础构建课程体系，并通过这些课程不断地扩展每个人的"数学现实"，使每个人在数学上都获得最大的发展。

最后，在"数学现实"思想里，弗赖登塔尔还主张把客观现实材料和数学知识融为一体，使数学教学过程经历从现实背景中抽象出数学知识的全过程，着眼于能力的培养。以下在一个具体的例子中说明"数学现实"思想在数学教学中的应用。如小学学加法，可以有很多不同的实际途径引入，举例来说，可以通过公共汽车经过各个停靠站时上下车的人数来讲。假定汽车里原来有 5 个人，在第一个停靠站上来了 3 个人，在第二个停靠站又上来了 2 个人……这时汽车里人数就该是 5+3 个，5+3+2 个……这样小学生就可以自己形成加法的概念，并找出加法运算的规律。在这里"乘公共汽车"就是小学生所接触过的"现实"，自然数 2、3、5 就是他们拥有的现实数学知识。教师就是根据这两方面的"现实"，帮助学生学习加法这一"现实的数学"知识，并用这些知识扩充学生的"数学现实"。

2. 数学化

何为数学化？弗赖登塔尔认为数学化就是数学的组织现实世界的过程，即人们在观察、认识和改造客观世界的过程中，运用数学的思想和方法来分析和研究客观世界的种种现象并加以整理和组织，以发现其规律的过程。

在他看来，数学的产生与发展本身就是一个数学化的过程。先人从手指或石块的集合形成数的概念；从测量、绘画形成图形的概念都是数学化。此外，当数学家们从具体的置换群与几何变换群抽象出群的一般概念时，也是一种数学化，甚至可以说整个数学体系的形成就是一个数学化的过程。而人们学习数学的过程，实际上又或多或少地遵循着历史发展的规律。为此，数学教育应该尊重数学的传统，按照历史的本来面目，根据数学的发展规律来进行，即应将数学与和它有关的现实世界紧密联系在一起，通过"数学化"的途径来进行数学的教与学，使学生真正获得充满关系的、富有生命力的数学知识，使他们不仅理解这些知识，而且能加以应用。当然，这期间也必须注意数学教育与数学发展史毕竟不是同一回事，因此没有必要也没有可能把每个人学习数学的过程变成机械地重复历史的过程，只是人们也可以需要从历史的发展中获得很好的借鉴。

在《作为教育任务的数学》中，弗赖登塔尔在研究了"数学传统"之后，对"今日的数学"即对现代数学的本质特征进行了深入的分析研究，发现从常量数学到变量数学、函数等，数学"方式的改变"日益趋向"形式化、公理化、模式化"。他认为形式化、公理化及模式化等这些发展数学的过程都是数学化的过程，并认为："任何数学都是数学化的结果不存在没有数学化的数学，不存在没有公理化的公理，也不存在没有形式化的形式。"

　　他据此指出，一方面数学教学不能停留在让学生的头脑成为形形色色公理系统的仓库，更重要的任务是教会学生能运用自己的数学思维，对一个领域进行加工、整理，从而独立地建立起一个公理体系来；另一方面，数学教学不能为形式而形式，只让学生死记硬背那些形式符号与逻辑体系，只做机械的而无内涵、无意义的运算操练，必须使学生学会用正确的数学语言来组织并表达数学的现实内容及内在联系，从而构成严谨的体系，即"与其让学生学习公理体系，不如让学生学习公理化；与其让学生学习形式体系，不如让学生学习形式化。一句话，与其让学生学习数学，不如让学生学习数学化"[①]。他还特别指出，数学本身同样属于现实世界，因而在数学发展的过程中，必然要面对数学自身的数学化。

　　在这里，他强调的数学化对象有两大类：一类是现实客观事物；另一类是数学本身的内容，包括数学符号、各种观点概念以及它的运算方法和规则等。其中，对客观世界的数学化，形成了数学的概念、运算法则、规律、定理以及为解决实际问题而构造的数学模型；对数学本身的数学化，是深化数学知识，或者是数学知识的系统化，形成不同层次的公理体系和形式体系。由于每个人都有自己特有的"数学现实"，因此数学化就有不同的层次和特征。根据特莱弗斯的提法，可以将数学化的过程区分为水平的和垂直的两种成分。

　　其中从现实中找出数学的特性，用不同的方式将同一个问题形式化或直观化，在不同问题中识别其同构的方面以及将一个现实问题转化为数学问题或已知的数学模型等，都是将同一个问题在水平方向扩展，称为水平数学化。如下所示：

　　水平数学化过程：

　　从背景中识别数学→图式化→形式化→寻找关系和规律→识别本质→对应到已知的数学模型（现实的，经验的）

　　而用公式表示出某个关系，证明了一个定律采用不同的模型或对模型进行加强或调整，以及形成一个新的数学概念或建立起由特殊到一般化的理论等，则是将某一问题垂直地加以深入，这一过程称为垂直数学化。

　　垂直数学化过程：

　　猜想公式→证明一些规则→完善模型→调整综合模型形成新的数学概念→一般化过程（现实的，构造的）

　　即水平数学化：从"生活"到"符号"的转化过程。

---

① 弗赖登塔尔.作为教育任务的数学［M］.陈昌平，等，编译.上海:上海教育出版社，1995.

垂直数学化："水平数学化后的数学化"，从低层数学到高层数学的数学化。

当然在数学化过程中，以上两个方面的作用是错综复杂地纠缠在一起，不能截然分开的。

数学教育最早的传统做法就是机械的途径，教师将各种结论灌输下去，学生被动地接受这些结果，死记硬背，机械模仿，不知道它们的来龙去脉，所获得的只是知识的形式堆砌，既不考虑它们有什么用处，也不问它们互相之间是否有内在联系。可以说很少包含数学化的成分，以后逐渐有所进步，比较多地考虑到实际的经验，也建立了不少现实的模型，从而进入了经验的途径。即较多地顾及水平的数学化，使所获得的数学知识具有一定的实用价值，可以解决一些客观现实中的问题。但这些知识又往往流于琐碎、零星，不成体系，忽视了数学本身的内在联系，尤其是忽略了数学的逻辑演绎结构，较少注意数学化的纵深发展。为了纠正上述偏向，以布尔巴基观点为代表的"新数学"运动的做法，就采用了构造的途径，强调数学的演绎结构，重视逻辑推理的论证，企图以结构主义的思想来组织整个数学教育，以提高抽象的逻辑思维水平，形成严谨的演绎结构体系作为唯一的目标。从而又由一个极端走向了另一个极端，忽视了数学的现实性，忘却了数学教育的根本目标还是要为现实世界服务。而且一味追求抽象，强调严谨，也不符合教学规律与认识规律。

从历史的经验教训可以得出这样的结论：数学教育的正确途径应该是现实的数学化途径，为学生准备的课程体系应该全面而完善地体现数学化的正确发展，既要强调现实基础，又要重视逻辑思维；既要密切注意数学的外部关系，也要充分体现数学的内在联系，要能将这两者有机地结合在一起，才是数学教育所必须遵循的正确路线。

关于数学化思想的研究还很多，除以上关于数学化层次的划分外，人们也对实现数学化过程的教学理论进行了大量的实验研究。首先对数学化进行教学理论研究的是荷兰的范希尔夫妇。他们从中学的几何教学出发，对学生在几何学习中表现出来的问题和困难，在理论和实践两个方面进行了探索、实验和总结，概括出关于几何学习思维水平的理论体系。这对如何通过数学化途径进行数学教学是个很好的借鉴。

他们把几何思维划分为 5 个水平：

水平 0：直观阶段

其特征是学生借助直观，笼统地从整体外表上接受图形概念，但不理解其构造、关系，也不会进行比较。如学生懂得，也会画矩形、正方形，但会认为这些图形是完全不同的。

水平 1：分析阶段

其特征是学生开始识别图形的构造、互相之间的关系，也借助于观察、作图等方法非正式地建立起图形的许多性质，但并未掌握其间的必然联系。如学生知道矩形有四个直角、对角相等、对角线相等，但并不知道这些性质互相之间的联系性。

水平 2：抽象阶段

其特征是学生形成了抽象的定义，能够建立图形概念与性质之间的逻辑次序，但还未抓住演绎的实质含义，可能混合使用逻辑推理与实验观察的推导方法，还没有理解公理的作用。如学生知道矩形的定义，也能在矩形的性质之间互相推导，并且还知道正方形是矩形，也是平行四边形，但还没有掌握整体的逻辑联系。

水平 3：演绎阶段

其特征是学生抓住了整个的演绎体系，能在以不定义的基本关系和公理为基础的数学体系内，在定义、定理之间进行形推理、理解构造和发展整个体系的逻辑结构，能理解并分析相互之间的逻辑关系，如学生会从不同的定义出发来研究平行四边形的所有性质与特征构成的整个系统。

水平 4：严密阶段

其特征是学生领会了现代公理系统的严密性，对于几何对象的具体性质以及几何关系的具体含义都可以不作解释，而是完全抽象地建立一般化的几何理论。这实质上已经将几何提高到一个广泛应用的领域，如学生能比较各种不同的公理体系并能不用具体的几何模型来研究各种几何学。

根据儿童的思维发展与学习过程提出来的这一思维水平理论，正好对应于前面所谈的数学化思想。一般来说，在某一个水平上进行的组织活动，往往成为下一个水平的研究对象，通过重新组织又提高到一个新的水平。因此，数学教学这一活动过程，就应该是教师根据社会现实的需要与儿童认知过程的发展规律，在不同阶段提出学生应该达到的不同水平，并引导学生不断地攀登新的水平。在这个不断提高水平的过程中，学生研究各种不同的数学现实，学会了各种不同层次的数学化，从而通过这条途径掌握数学。

通过数学化来学数学。捷克教育家夸美纽斯曾说："教一个活动的最好方法是演示。"①弗赖登塔尔说："学一个活动的最好方式是做。"②只有密切联系现实来教的数学，才能充满着各种关系，学生才能将所学的数学与现实结合起来。传统数学教学中涉及的应用，不是从具体问题出发，而是先学数学理论，将数学问题作为它的"应用"。更有甚者，人们通常所谓的应用，只是在一般公式参数中代以某些特定数值，实质上只是一种常规的特殊化，而非数学化。弗赖登塔尔将这样的教学称为教学法的颠倒，是将"马放到马车后"。

3. 再创造

弗赖登塔尔指出，一个学科领域的教学论就是指与这个领域相关的教与学的组织过程。而通过数学化过程产生的数学必须由通过教学过程产生的数学教学反映出来，因此，他认为数学教学方法的核心是学生的"再创造"，并指出这和我们常常说的"发现学习"并不等同。这里理解的创造，是学习过程中的若干步骤，这些步骤的重要性在于再创造的"再"，而"创造"则既包括了内容又包含了形式，既包含了新的发现，又包含了组织。

根据对数学的看法及数学发展历史进程的分析，弗赖登塔尔认为数学的根源在于普通常识，数学实质上是人们常识的系统化，它与其他科学有着不同的特点，是最容易创造的科学。为此，在教学时教师不必将各种规则、定律灌输给学生，而是应该创造合适的条件，提供很多具体的例子，让学生在实践活动的过程中，自己"再创造"出各种数学知识。即应该让每个人在学习数学的过程中，根据自己的体验，用自己的思维方式，重新创造有关的数学知识。当然，这也并非机械地重复历史，只是在某种意义上重复人类的学习过程，重复数学创造的历史。这种创造并非按照历史的实际发生过程进行，而是假定我们的祖先在过去就知道了更多的现有知识以及以后情况会怎样发生的历史。应该让学生体验到："如果当时的人有幸具备了我们现有的知识，那么他们是怎样把那些知识创造出来的。"③

弗赖登塔尔认真分析了两种数学，一种是现成的或者是已完成的数学，另一种是活动的或创造的数学。其中"现成的数学"以形式演绎的面目出现，完全颠倒了数学的实际创造过程，给予人们的是思维的结果。对此，他指出，数学家向来都不是按照他创造数学的思维过程去叙述他的工作成果，而是恰好相反，把思维过程颠倒过来，把结果作为出发点，去把其他的东西推导出来，并将这种叙述方法称为"违

---

①　夸美纽斯 . 大教学论［M］. 傅任敢，译 . 北京：教育科学出版社，1999.

②　弗赖登塔尔 . 作为教育任务的数学［M］. 陈昌平，等，编译 . 上海：上海教育出版社，1995.

③　弗赖登塔尔 . 作为教育任务的数学［M］. 陈昌平，等，编译 . 上海：上海教育出版社，1995.

反教学法的颠倒"。而"活动的数学"则是数学家发现数学过程的真实体现，它表现了数学是一种艰难而又生动有趣的活动。弗赖登塔尔指出，传统的数学教育传授的是现成的数学，是反教学法的，学习数学唯一正确的方法是实行"再创造"，也就是由学生自己去把要学的东西创造或发现出来，教师的任务是引导和帮助学生进行这种"再创造"工作，而不是生吞活剥地把现成的知识灌溉给学生。他认为这是一种最自然、最有效的学习方法。说它最自然，是因为生物学上"个体发展过程是群体发展过程的重现"，这条原理在数学学习上也是成立的。即数学发展的历程也应该在每个人身上重现，这才符合人的认识规律。当然这其中走过的弯路、进过的死胡同，这样的历程就不必让它在学生的身上重现。而说它最有效，是因为只有通过自己的再创造而获得的知识才能被掌握且可以灵活应用。

对于"再创造"学习方式的依据，弗赖登塔尔除给出以上数学方面的依据外，还给出了以下合理的教育学方面的依据：

（1）通过自身活动所得到的知识与能力比由旁人硬塞的理解得透彻，掌握得快，同时也善于使用它们，一般来说还可以保持长久的记忆。

（2）发现是一种乐趣，因而通过"再创造"来进行学习就能引起学生的兴趣，从而使学生具有学习的动力。

（3）通过"再创造"方式可以进一步促使人们形成对数学教育是一种人类活动的看法。

数学教育问题有两个方面：一方面，教的内容是数学，这是一门以严谨的逻辑演绎体系为特征的科学；另一方面，作为教育，它又与社会有着千丝万缕的联系，社会的需要、社会的变化时刻在影响着它，因而，解决教育问题不能通过一篇论文，而要通过一个过程。解决数学教育问题，也不能单靠数学家或是教育家，而是必须依靠教育过程的参加者——教育者与受教育者。"再创造"原则的提出就是为了更好地反映出教育过程必须通过教师与学生双方的积极参与才能解决问题，尤其是更体现了学生是学习的主体这一思想，让受教育者学生的活动更为主动、有效，以便真正积极地投入教育这个活动中去。

夸美纽斯认为，教一个活动的最好方法是演示他主张打开学生的各种感觉器官，那就不仅是被动地通过语言依赖听觉来吸收知识，也包括眼睛看甚至手的触摸及动作。弗赖登塔尔发展了他的观点，创造性地提出：学一个活动的最好方法是做。他的这一提法，将数学教学的重点由教转向了学，由教师的行为转向了学生的活动，由感觉效应转向了运动效应，这就好比学游泳和驾驶本身也有理论，也需要观摩教练的示范动作，但更重要的是必须下水、上车去练习，老站在陆地上是永远也学不会一样。

当然，由于每个人有不同的"数学现实"，每个人也可能处在不同的思维水平，因而不同的人可以追求并达到不同的水平。因此，在教学中，对于学生各种独特的解法，甚至不着边际的想法都不应该加以阻挠，应让学生充分发展，

充分享有"再创造"的自由，让学生走自己的路。但学生的这种自己行走不应该是盲目的、无序的，它需要教师在适当的时机引导学生加强反思，巩固已经获得的知识，点拨学生思维的关键点，以提高其思维水平。其中尤其必须注意加强有意识的启发，以使学生的"再创造"活动逐步由不自觉或无目的的状态发展成为有意识、有目的的创造活动，尽量促使每个学生所能达到的水平尽可能地提高，即学生从事的应是一种有指导的再创造学习活动。这种有指导的"再创造"就意味着师生要在创造的自由性和指导的约束性之间，在学生取得自己的乐趣和满足教师的要求之间，在教的强迫性和学的自由性之间，达到一种微妙而和谐的平衡。也即师生应在以教师启发为核心的教和以学生探究为中心的学之间寻找一个最为恰当的中间地带。

根据以上的观点，弗赖登塔尔认为这种有指导的再创造可在以下原则下更好地进行：

（1）在学生当前的现实中选择学习情境，使其适合水平数学化。

（2）为纵向（垂直）数学化提供手段和工具。

（3）相互作用的教学系统。对于教与学的过程，是观察还是加强，是使它们结合还是使它们分离确实需要而且应该允许有灵活性，相互影响意味着教师与学生双方既都是动因，同时又都对对方起作用，教与学应该是相辅相成的。

（4）承认和鼓励学生自己的成果。这是有指导的"创造"教学中最基本的一条原则。每个人都有自我价值实现的愿望，自我价值的实现对学生积极主动的高效学习有极大的推动作用，是学生学习愿望的源泉。正如苏联教育家苏霍姆林斯基所说："儿童学习愿望的源泉，就在于进行紧张的智力活动后体验到取得胜利的欢乐。"[①]

（5）将所学的各个部分结合起来。对所学的各个部分的结合应尽可能早地组织，并且应该尽可能延续得更长，并尽可能不断地加强。在不可避免地出现杂乱状态时，唯一可以继续下去的机会就是能够和别的内容联系起来，使之成为一个交织的起点，

① 苏霍姆林斯基.论学校教学［M］.北京未来新世纪教育科学发展中心，编译.乌鲁木齐：新疆青少年出版社；喀什维吾尔出版社，2008.

并合乎逻辑地延续下去。

在日常的教学中，人们常对"再创造"教学和"现法教学"有所混淆。因此，弗赖登塔尔从两个方面进行了回答。在他看来"发现法教学"也强调教师应该让学生通过自己的活动来发现有关的知识，而且从某种意义上来说，"发现法"也是一种"再创造"的形式。只是一般而言，"发现法"教学的内容常常只限于某个狭窄的题材，或是用一些具体的材料，让儿童以数学概念来做游戏，还并未真正接触其中的数学思维的本质；同时，"发现法"教学的具体做法常常是由教师事先设计好一个个问题，像设置"圈套"似的牵着学生的鼻子走，学生还是处于被动状态。为此，他认为也许可以把"发现法"理解为带有一定限制条件的"再创造"，或者说是处于低水平的一种"再创造"活动，必须进一步发展而不可局限于此。

最后，他主张"再创造"应该贯穿于数学教育的整个体系之中，并认为实现这个方式的前提，是把数学教育作为一个活动过程来加以分析。在这个活动过程中，学生应该始终处于一种积极、创造的状态，要参与这个活动，感觉到创造的需要，于是才有可能进行"再创造"。教师的任务就是为学生提供自由广阔的天地，听任各种不同思维、不同方法自由发展，绝不可对内容作任何限制，更不应对其发现预置任何的"圈套"。

可以说，弗赖登塔尔的"再创造"思想是由其"数学现实"和"数学化"思想综合产生的数学认识论问题，是他的"建构主义"数学教学观的精华所在。他这一思想的提出不仅更好地反映了数学教学过程必须通过师生双方的积极参与才能完成，尤其体现了"学生是学习主体"这一思想，让学生的活动更为主动有效，使学生在自觉、主动、深层次参与教学的过程中，实现发现、理解、创造与应用，在学习中学会学习。

4. 反思

何谓反思？弗赖登塔尔认为："从别人那里反射自己，就像白天和黑夜，自己反射自己，也就是反省或反思。"[①] 他指出，反思是一种重要的数学活动，是数学活动的核心和动力。数学的发现来自直觉，而分析直觉理解的原因是通向证明的道路。为此必须教育学生对自己的判断与活动甚至语言表达进行思考并加以证实，以便使他们学会反思，能有意识地了解自身行为后面潜藏的实质，只有这样教育才能真正培养学生的数学能力。

弗赖登塔尔为自己的数学教育思想体系绘制出一个总体框图。在这个框图中，

---

① 弗赖登塔尔.作为教育任务的数学［M］.陈昌平，等，编译.上海：上海教育出版社，1995.

由现实世界直接抽象形成数学概念的过程，称为"概念的数学化"。学生经过对这种概念的反思，随之进行抽象化和形式化的加工，再用之于解决现实世界的问题。经过数学化的深化，可转而形成新的理论工具，由此又可组织更高层次的数学现实，并进而创造出更新的数学观念。经反思可以使数学现实与数学化相互反馈，协调发展，这是数学理论发展的动力，也是数学教育所求的目标。

在日常教学中，反思可以激发学生的数学想象力，数学想象的特点是神驰万里，思接千载。在一些高度抽象的领域中，经过数学家的巧妙构思，能够想象出一些全新的数学结构。美国数学家 M. 克莱因指出："那些在真实世界里没有直接对应物的概念之所以被引进并逐步被接受，确实迫使人们承认数学是一种认为的并且多少带有任意性的创造物，而不仅仅是从自然界里引导出来的本质上是真实事物的一种理想化。"① 但是，随着这种认识的深化，带来了更加意义深远的发现数学并不是关于自然的一堆真理。

反思和想象可以促进数学猜想，数学猜想是数学理论的"胚胎"，它是建立、丰富和发展数学理论的中介与桥梁。"猜"必"潜"，猜测是发掘科学领域中的潜在内涵。英国物理学家、数学家和哲学家牛顿曾经深刻地指出："没有大胆的猜想，就做不出伟大的发现。"因而，在数学教育中，应该通过反思来激发学生的数学想象力，使之勇于提出崭新的数学猜想。

以上是对弗赖登塔尔数学教育思想的介绍。综合之，不难发现，弗赖登塔尔数学教育思想的着眼点在于数学；出发点是数学的本质和特性：数学是人们常识的系统化，是人类对现实世界经验的总结，数学具有抽象性、精确性和应用得极其广泛性；关注的是如何把数学以最好的方式教给不同的人。

第二节　建构主义理论

一、建构主义的由来和发展

建构主义产生之后，并没有引起很大反响，直至 20 世纪 80 年代才凸显出来，

---

① 克莱因. 数学：确定性的丧失 [M]. 李宏魁，译. 长沙：湖南科学技术出版社，2007.

并迅速影响、波及各个学科。建构主义的最早提出者可追溯至瑞士的皮亚杰，他是认知发展领域最有影响的一位心理学家，他所创立的关于儿童认知发展的学派被人们称为日内瓦学派。他认为儿童是在与周围环境相互作用的过程中逐步建构起关于外部世界的知识，从而使自身认知结构得到发展的。

皮亚杰指出儿童与环境的相互作用涉及两个基本过程——"同化"与"顺应"。同化是把外部环境中的有关信息吸收进来并结合到儿童已有的认知结构内化的过程；顺应是指外部环境发生变化，而原有认知结构无法同化新环境提供的信息时所引起的儿童认知结构发生重组与改造的过程，也就是个体的认知结构受外部刺激的影响而发生改变的过程。同化是认知结构数量的扩充，而顺应则是认知结构性质的改变。个体通过同化与顺应两种形式来达到与周围环境的平衡；当儿童能用现有的图式去同化新信息时，他处于一种平衡的认知状态；而当现有图式不能同化新信息时，平衡即被破坏，而修改或创造新图式（顺应）的过程就是寻找新平衡的过程。

儿童的认知结构就是通过同化与顺应过程逐步建构起来，并在"平衡—不平衡—新的平衡"的循环中得到不断的丰富、提高和发展。这就是皮亚杰关于建构主义的基本观点。

二、建构主义的基本观点

建构主义理论所蕴含的教与学思想主要反映在知识观、学习观、教学观、师生观上。下文从此四个方面对建构主义理论加以阐述。

（一）建构主义的知识观

知识的本质和知识是如何获取的问题是人类社会在数千年的发展过程中一直都在探究的一个悬而未决的难题。对此，作为一种认识论的建构主义必然要对知识问题做出明确的回答。知识观是建构主义思想中的一个核心问题。传统知识论，即客观主义知识论认为，知识是客观世界的本质反映，是对客观事物的准确表征，知识是现存的，是独立于认识者之外的。知识只有在正确地反映外部世界的情况下才被认为是正确的，客观知识就是真理。在这种认识论思想中，科学概念是与各种事物相对应的科学，命题、原理、定理等是经过科学验证了的对事物的唯一正确的、真实的解释。科学知识是有逻辑的、系统的，是相当精确的，并且必须是用一套客观的方法加以验证的，而且只有这类知识是科学知识。对于一个人来说，只要掌握了这种知识，便掌握了这个世界的运转法则，便具有了支配世界的力量。知识是学习的重要内容，也是学习的主要结果。传统的客观主义知识观一直延续至今，并在指导和左右着学校的教育教学实践。

建构主义对什么是知识，怎样看待这些古老的问题做出了令人耳目一新的解释和回答。主要体现在如下几个方面：

（1）知识不是对现实的纯粹客观的反映，任何一种传载知识的符号系统也不是绝对真实的表征。它只不过是人们对客观世界的一种解释、假设或假说，它不是问题的最终答案，它必将随着人们认识程度的深入而不断地变革、升华和改写，出现新的解释和假设。

（2）知识并不是绝对准确无误地概括世界的法则，也不能提供对任何活动或问题解决都实用的方法。在具体的问题解决中，知识是不可能一用就准，一用就灵的，而是需要针对具体问题的情境对原有知识进行再加工和再创造。

（3）知识不可能以实体的形式存在于个体之外，尽管通过语言赋予了知识一定的外在形式，并且获得了较为普遍的认同，但这并不意味着学习者对这种知识有同样的理解。真正的理解只能是由学习者自身基于自己的经验背景而建构起来的，取决于特定情况下的学习活动过程。否则，就不叫理解，而是叫死记硬背或生吞活剥，是被动的复制式的学习。

按照建构主义的观点，课本知识只是一种关于某种现象的较为可靠的解释或假设，并不是解释现实世界的"绝对参照"。某一社会发展阶段的科学知识固然包括真理性，但并不意味着终极答案，随着社会的发展，肯定还会有更真实的解释。更为重要的是，任何知识在为个体接受之前，对个体来说是没有什么意义的，也无权威可言。所以，教学不能把知识作为预先决定了的东西教给学生，不要以我们对知识的理解方式来作为让学生接受的理由，用社会性的权威去压服学生。学生对知识的接受，只能由他自己来建构完成，以他们自己的经验为背景，分析知识的合理性。在学习过程中，学生不仅理解新知识，而且对新知识进行分析、检验和批判。

（二）建构主义的学习观

学习是什么或什么是学习，看上去似乎是很简单的问题，但在建构主义的学习思考提出之前，我们对它的认识并没有真正解决。这就是为什么源自鼠和狗等动物的学习行为的学习理论统治了我们学校教育和学习活动如此之久的缘故。建构主义就是针对行为主义这种并不符合人的学习规律的学习假设和实践而提出了自己关于学习的反思和理解。

（1）在建构主义看来，同化和顺应是学习者认知发生变化的两种途径或方式。同化是认知结构的量变，而顺应则是认知结构的质变。同化—顺应—同化—顺应……循环往复，平衡—不平衡—平衡—不平衡相互交替，人的认知水平就是这样一个结构变化的过程。由此可言，学习不是简单的信息积累，而是新旧知识经验的冲突，并由此而引发学习者认知结构的重组或改变。

（2）学习是个体主动建构自己知识的过程。"知识不是通过感觉或交流而被个体被动地接受的，而是由认知主体主动地建构起来的，建构是通过新旧经验的相互作用而实现的。"这一观点得到所有建构主义者的认同。有人在给建构主义的学习概念下定义时是这样界定:学习是一个积极的建构过程，它总是在某一种关系和情境中、多维度和系统的关系中发生的一种积极的建构过程。因此，学习不是由教师把知识简单地传递给学生，而是由学生自己建构知识的过程。学习过程不只是信息的输入、存储和提取，而是新旧经验之间的双向的相互作用过程，也就是学习者与学习环境之间双向建构的过程。

（3）学习意义的获得，是每个学习者以自己原有的知识经验为基础对新的信息进行编码，建构自己的理解。当原有知识因新经验的进入而发生调整和改变时，即建立在自己的解释和理解基础上时，学习才称得上是主动的。而只有这种主动的学习才能促进学习者积极进行思维，才能使新的知识和其原有的知识和经验的联系重新得到建构。对于学习者来说，重要的是能够经历一个学习过程——自己经历体验那种具有重要意义的真实的建构。

（4）我们还应该注意到还存在着其他人的建构，也就是说学习既是学习者个人的建构活动，同时也是学习共同体的合作建构过程。个体的建构活动要在一定的社会文化背景中进行，而且必须与学习共同体的建构相结合。通过学习者的合作，既能使个体的理解更加丰富和全面，又可以使知识达到必要的一致性。

（三）建构主义的教学观

建构主义强调教师的教学是"为了每位学生的发展"，应以学生为中心。创设学生学习活动的情境，它包括学习活动的组织、学习者心态分析、课堂文化的建设、心理氛围的营造以及个人幸福的关注等广泛内容。

（1）教学不能无视学习者的已有知识经验，简单强硬地从外部对学习者实施知识的"填与灌"，而是应当把学习者原有的知识经验作为新知识的生长点，引导学习者从原有的知识经验生长新的知识经验；不是知识的传递，而是知识的处理和转换。教师不单是知识的呈现者，不单是知识权威的象征，而更应该重视学生自己对知识的理解，倾听他们的看法，思考他们这些想法的由来，并引导学生丰富或调整自己的解释。

（2）教师应当努力调动学生的学习积极性。教师要充分调动学生的认知思维，利用丰富的信息资源，开发学生收集、分析、重组知识信息并提出创意的能力。教师要充分认识学习活动的不可替代性，调动学生积极参与到学习中来，让学生真正懂得自己对自己的学习负责，摆脱教师不讲、学生不学的意识，通过各种教学手段让学生从封闭孤独的学习中解放出来，从而成为知识加工的主体及知识意义的主动建构者。

（3）教师应善于引起学生观念上的不平衡。教师引起学生观念上的不平衡，也就是引发认知冲突，善于发现新旧知识间的矛盾。一旦引发这种认知冲突，就会引起学生认知结构上的不平衡，就能激发学生的求知欲和好奇心，促使学生进行认知结构的"同化"与"顺应"。

（4）教师应鼓励学生探索问题。教师应尽可能地组织协调学习、展开讨论和交流，并对学生的交流切磋加以引导，提出问题引发学生思考和讨论，并在讨论中把问题逐步引向深入，让学生学会陈述自己的观点，倾听他人的意见，加深学生对所学知识的理解。使学生在学习中不仅学会学习，而且还学会与人交往和合作，学会在交往合作中汲取他人的新思想及其精华，能多角度、多方位地分析和解决问题，从而更好地建构知识、设计自己和发展自己。

（四）建构主义的师生观

建构主义的学习观表明，知识并非是由教师简单地传授给学生，而是每个学生在其原有的知识经验基础上的主动建构，这说明学生在学习过程中应处于主体地位，而不应处于被动的受支配的地位。在教学活动中师生间应是以教师为主导，学生为主体，共同参与学习活动。在这一关系中教师的主导作用主要表现在：

1.教师是课堂教学的设计者与组织者

学生的数学学习主要是一种在校学习，是以班级为单位进行的，因而教学本活动是一种小型化的社会活动，为了保证教学活动在规定的有限时间内顺利进行并达到预期的目的，就需要教师对活动进程做出预先设计，在教学中组织引导学生积极进行认知建构活动。

课堂教学设计是教师对教学实际情况的一种预先设计，主要包括：

（1）对学生习得应学知识的程序设计

学习过程是学生对外部信息的主动接受的过程，外界信息能否受到学生的注意并得到加工，内化为学生的主观知识主要取决于学生原有的知识经验，也就是认知结构。因此，教师的首要任务就是了解学生原有的认知状况（这可以通过考试、批改作业、课堂提问、个别谈话等多种方式进行），以便根据学生的实际情况和教学目的设计恰当的问题情境。教师应努力建构问题、悬念、议论等各种教学环境，应善于将教材中的内容组织成一系列具有探索性的问题，把问题作为教学过程的出发点，使学生较顺利地完成认知结构的扩展、分化或重组。

（2）对师生交流的设计

教学过程是一个师生互动的过程，要保证教学活动的顺利开展，教师应该对课堂上师生双方的活动、交流做出预想。什么样的问题适合于低层次的学生回答？什么样的问题适合于优秀的学生回答？学生的回答可能会出现哪几种答案？教师如何针对不同情况做出相应的反应？弄清楚了这几个问题，才能使各层次学生都能积极地参与到教学活动中来，用数学语言彼此交流，促进学生数学的"听、说、读、写"能力的提高。

（3）创设一个好的学习共同体

教学设计只是教学活动进程的预想，教学的实际过程不可能按照设计毫无偏差地原样再现。这就需要教师对教学活动加以合理的组织，创设一个有利于学习的课堂情境，使班级形成一个良好的"学习共同体"。在这共同体中，班级的每个学生都能起到一定的作用，每个成员都应有强烈的求知欲望，彼此团结、互助，共同努力，每个成员都能自由地发表自己的见解，同时保持开放的思想去随时接受其他成员的好的数学思想、方法。教师的课堂组织不应建立在教师的权威上，而应建立在。生对共同问题的探讨与交流上。我们经常看到这样的场景：教师在讲台上大讲特讲，不关注学生的反应，不关心学生是否听懂了，不给学生任何提问的时间和机会，表面看来，教学工作得以顺利完成，没有发生任何预计之外的事件，但学生并没能有效地建构起对知识的理解，这样的教学组织是失败的。

2. 教师是数学学习活动的引导者与促进者

建构主义教学强调教师应由讲授者、演说家转变成学习的促进者与参与者。

首先，从维果斯基的"最近发展区"理论来看，每个儿童都有两种发展水平，一种是实际发展水平，一种是潜在的发展水平，而后者的实现则需要教师、同伴或其他人的帮助。从这个角度讲，教师恰恰起到了促进学生完成其潜在水平发展的作用。因此我们说教师应是学习的促进者。教师在教学中不应只看到学生的实际发展水平，而更应着眼于其可能的发展，即"学习先于发展"。建构主义者认为，满堂灌式的教学一方面会造成学生学习的被动性，使一部分人听不懂、跟不上，而丧失学习兴趣；另一方面也会助长学生过分依赖教师的思想，学生总是认为教师讲得越多越好、越细越好、越易懂越好。

事实上，过多过细的讲解对学生认知结构的发展是有害的，习惯了"听"的学生将逐渐丧失"说""读""写"的能力，对问题的理解难以深刻，从而不能达到潜在的发展水平。因而教师对数学内容的讲解应留有余地，留有悬念，使学生在教师的启发下，积极开动脑筋，提出问题，解决问题。通过个人操作、小组讨论、班级交流等多种形式，教师可以听取学生的问题，了解学生的思维状况，针对学生学习上的疑点、难点，加以讲解、点拨，使学生对所学内容建构起属于自己的数学意义。

另外，教师应积极参与学生对问题的探索、讨论，这种参与是站在学生的角度，以学生现有的认知水平为出发点的适度参与。参与不等于直接告诉学生问题的答案，而应以与学生平等的身份，与学生共同探索，使学生在不知不觉中受到数学思想方法的启迪和熏陶，避免探索问题中走过多不必要的弯路，使学生对问题形成正确的、独到的认识。

3. 教师应是学习活动的示范者

建构主义者认为，学校学习活动的一个主要目标就是对"传统"的继承，而"传统"主要是通过一些"范例"来体现的，"范例"的学习对学习活动有着特别重要的意义，因而教师的示范作用是不能被忽视的。数学学习是一种语言的学习，教师的示范作用首先体现在叙述、讲解基础知识、基本问题时数学语言的组织和运用上。教师课堂语言不仅应有利于学生对问题的理解，还应注意数学的科学性、严谨性与规范性。数学学习是一种模式的学习，教师通过"范例"向学生展示如何从具体的实际问题中抽象出普遍的一般的数学模式，学生不仅从教师的示范讲解中学会常规问题的求解步骤、书写格式、数学符号的规范使用等数学知识技能，还能从中学习如何运用数学思想方法进行逻辑推理、观察、猜想，从而创造性地解决非常规的问题，培养创造性思维能力。

4. 教师应是学生认知状况的评价者

建构主义者认为学习是学习者主动的建构过程，其主体地位不能替代。

正确的认识。知识的学习可分为不知、略知、理解、灵活运用等层次，学生往往不能准确判断自己的水平。不论处于哪一层次都认为是"懂了"。因此教师的作用就在于通过诊断性评价、形成性评价、终结性评价准确地了解学生，并帮助学生对自己的认知状况、建构能力做出判定，以便在今后的学习中自觉地"查漏补缺"。

三、建构主义的主要教学模式

（一）抛锚式教学

抛锚式教学的主要目的是使学生在一个完整真实的事件背景中产生学习需求，真实情境是学生建构知识的背景，必须包含真实的事件或问题。真实问题应与学生的经验相关，具有足够的复杂性，并能引起学生持续探索的兴趣。事件或问题被称为"锚"，确定它们被形象地比作"抛锚"。一旦事件或问题被确定，整个教学内容和教学进程也就确定了，就像轮船被固定住一样，故这种方法被称为"抛锚式"教学。由于它强调创设真实的情境，主张教学以真实的事例或问题为基础，所以又称为"情境教学"。有时也被称为"实例式教学"或"基于问题的教学"。

抛锚式教学模式的教学操作可分为如下几个阶段：

（1）教师介绍学习目的、呈现学习内容。在这一阶段，教师以简明的语言向学生介绍学习目的，并运用多种方式向学生呈现所要学习的新内容，使学生对所要学习的新内容有一个整体的把握，并明确学习的目的。

（2）将不同类型的"锚"呈现给学生。"锚"的呈现方式是多种多样的。教师既可以借助技术的支撑，运用交互录像、软件等来呈现有利于学生进行问题解决的情境或故事等，也可以通过师生故事讲述、学生参与扮演戏剧角色、教师绘制图画等方式来呈现，还可以运用多种方式的结合。

（3）识别问题、分解问题、制订解决问题的计划。呈现给学生的问题可以是一个大的主题，也可以是围绕一个主题的一系列问题。在这一阶段中，教师一般不直接把现成的问题呈现给学生，而是在学生逐步探索的过程中，根据学生的需要向其提供帮助，为其解决问题搭建脚手架。从而留给学生足够的解决问题的空间，以便制订出问题解决的多种计划和策略。

（4）将学生分组，进行问题解决。一般学生个人的力量是不可能解决问题的。所以，在这一阶段中，教师要将学生分成小组，使他们在自主学习的基础上取长补短，进行合作性学习，进而解决问题。

（5）教师进行整体评价。在抛锚式教学中教师不需要进行独立于教学过程的专门的终结性评价，而是对学生解决问题的整个过程进行过程性评价。在这一阶段中，学生也可以在整个过程中根据具体教学情境进行自评或互评。

（二）随机进入教学

随机进入教学的基本思想源自建构主义的"弹性认知理论"。这种理论的宗旨是要提高学习者的理解能力和他们的知识迁移能力（即灵活运用所学知识的能力）。认知弹性理论认为，人的认知随情境的不同而表现出极大的灵活性、复杂性、差异性。不存在放之四海而皆准的知识，同样的知识在不同的情境中会产生不同的意义。认知弹性理论的代表斯皮罗等人曾对人的学习进行了重新解释。他们认为人的学习可以分为两种类型，即"初级学习"和"高级学习"。初级学习主要是掌握结构性知识的过程，学习者由此获得的是普遍的、抽象的事实、概念和原理。高级学习则主要是获得非结构性的知识和经验的过程，学习者由此获得的是与具体情境相关联的知识。传统教学的根本缺陷之一在于混淆了高级学习与初级学习之间的界限，从而导致了教学的客观主义倾向和简单化倾向。这种教学具有如下两种典型偏向：

（1）将事物从复杂的情境中隔离出来进行学习，认为对事物的孤立认知可以推广到其他任何情境之中。

（2）将整体分解为部分，认为局部认知的组合即是整体认知，这种教学必然会使学生对知识的理解简单片面，这是妨碍所学知识在具体情境中广泛而灵活迁移的主要原因。

随机进入教学的操作可从如下方面进行：

（1）呈现情境。向学习者呈现与当前学习内容相关联的情境。

（2）随机进入教学。向学习者呈现与当前所选内容的不同侧面的特性相关联的情境，引导学习者自主学习。

（3）思维发展训练。教师应特别注意发展学生的思维能力，引导学生发展"元认知"水平，即要提高学生对自己的认知过程和结果的反省意识水平，意识自己的问题解决过程中所运用的认知策略的优劣；帮助学生建立思维模型，即帮助学生意识到自己思维的特性。

（4）协作学习。围绕通过不同情境所获得的认识、所建构的意义展开小组讨论。

（5）效果评价。同样是与问题解决过程融为一体的"场合驱动评价"。这些要素或环节之间也没有固定的顺序，在实际进行中随机进入教学中，往往整合为一体。

随机进入教学的基本特征是在不同情境、从不同角度建构知识的意义和理解，由此获得可广泛而灵活迁移的、高级的、非结构性的知识。这是一种旨在获得高级知识，旨在培养认知弹性的教学。随机进入教学与情境教学具有内在的一致性。

（三）支架式教学

根据欧共体"远距离教育与训练项目"的有关文件，支架式教学被定义为：支架式教学应当为学习者建构知识提供一种概念框架，这种框架中的概念是为发展学习者对问题的进一步理解所需要的。支架式教学模式来源于维果斯基的"最近发展区"理论。维果斯基认为，在儿童智力活动中，对于所要解决的问题和原有能力之间可能存在着差异，通过教学，儿童在教师帮助下可以消除这种差异，这个差异就是"最近发展区"。支架式教学从维果斯基的思想出发，借用了建筑行业使用的"脚手架"作为基础知识概念框架的形象化比喻，其实质是利用基本知识概念框架作为学习过程中的脚手架。学习者借助于该概念框架，能够独立探索并解决问题，独立建构意义。

支架式教学的构成要素或基本环节可分为如下三个方面：

（1）进入情境。将学生引入一定问题情境，并提供解决问题必要的工具。

（2）搭建支架。这是教师引导学生探索问题情境的阶段。首先，教师要帮助学生确立目标，为学生探索问题情境提供方向；其次，教师要围绕当前学习的内容，为学生提供探索该学习内容所需要的概念框架，该框架应置于学习者的"最近发展区"；最后，教师可以通过演示、提供问题解决的原型，为学生的问题解决过程提供反馈等形式，引导探索问题情境，教师的引导应随着学生解决问题能力的增强而逐步减少。

（3）独立探索。本阶段教师要放手让学生自己决定探索的问题和方向，选择自己的方法，独立地进行探索。这时，不同的学生可能会探索不同的问题。

支架式教学的基本特征是重视社会交互作用和文化在知识理解和意义建构中的作用，认为儿童认知能力的发展不仅是一个个体的过程，还是一个社会和文化的过程。毫无疑问，这种教学模式是社会建构主义教学观的集中体现。

第三节　情境认知理论

一、情境认知理论的起源

传统知识观把知识看成能打包的、自给自足的实体，可由教育者传递给学习者。在传统的学校教育中，学习者与现实环境、知与行相分离，学校关注的是抽象的、简化的和去情境化的概念，学生所解决的问题是结构良好的问题，一般能在 3~5 分钟内解决。温特比尔特大学认知与技术小组（CTGV）据此认为，学生在传统课堂中所获得的知识大多是怀特海在其《教育的目的》一书中所提到的"呆滞的知识"[1]，他们无法迁移到相关的情境中去。

20 世纪 80 年代末，一些研究者开始对学习者与情境、知与行相分离的观点进行挑战。如布朗（Brown）等人认为，知识是情境性的，它要受到知识所使用的活动、情境以及文化的基本影响，并且与它们不可分离。打个比方，知识就像不可能把已做好的整件衣服交给学习者一样，学习者必须参与到环境的给予中，去纺线、织布，进而把布裁剪、缝制成某一款式的服装。只有通过真正的活动，学习者才能编织他们自己的知识之服。

有些学者认为情境认知理论是建构主义的一个分支。这个看法不是很确切。情境认知理论与建构主义学习理论既有密切的联系，又存在着差异。建构主义学习理论强调以学习者为中心的学习环境的创设，并认为"情境""协作""会话"和"意义建构"是学习环境中的四大要素或支柱。情境认知理论和建构主义学习理论在很多观点上是一致的。尤其是社会建构主义理论，由于强调社会文化背景在个体意义建构中的作用，一些观点和情境认知理论有很多一致的地方。因此，就把情境认知

---

[1] 怀特海.教育的目的［M］.徐汝舟，译.北京：生活·读书·新知三联书店，2002.

理论归于建构主义的一个分支。在教育心理学研究领域，情境认知理论被视为建构主义的组成部分，但西方对情境认知理论的研究相对独立，在人类学研究领域，情境认知理论拓展了建构主义的早期思想和早期情境性理论的研究。情境认知理论肯定了认知与学习的情境性本质，把研究关注的焦点从个体转向了个体与社会文化情境的关系以及人们在这种情境中的参与和活动，并提出了一系列观点。因此，人类学的参与，丰富发展了情境认知理论，使之成为一个相对独立的理论。

二、情境认知理论的内涵及特征

（一）情境认知理论的内涵

20世纪80年代以来，情境学习理论开始对"学什么"和"如何学""如何用"的分离状态提出了挑战。该理论不是把知识作为心理内部的表征，而是把知识视为个人和社会或物理情境之间联系的属性以及互动的产物，认为思维和学习只有在特定的情境中才会有意义。参与基于社会情境的一般文化实践是个人知识结构形成的源泉。在特定情境中获得的知识要比所谓的一般知识更加有力和更加有用。情境学习理论认为，学习不仅仅是为了获得一大堆事实性的知识，同时还要求学习者参与真正的文化实践。知识如同生活中的工具，学习者只有通过对它的理解和使用，以及与经验的不断相互作用，才能在不同情境中进行知识的意义协商。

（二）情境认知理论的特征

情境认知理论的关键特征是如何看待知识。它不是把知识作为心理内部的表征，而是把知识视为个人和社会或物理情境之间联系的属性以及交互的产物。它认为，知识是一种活动，而不是一个具体的对象；它总是基于情境的，而不是抽象的；知识是个体在与环境交互过程中建构的，不是客观决定的，也不是主观产生的；知识是交互的一种状态而不是事实。正如麦克·德莫特所认为的那样："情境并不是一个人所强加的事物，而是人作为其中一部分的行为状态。"[①]

情境认知理论对知识的革命性理解启示我们应将各种情境纳入教育的视野，而不是使其游离于教育的视野之外，对其视而不见。其具体特征可以从以下几个方面进行说明。

---

① Wenger, E.(1998).Communities of Practice: Learning, Meaning and Identity [M].Cambridge: Cambridge University Press:23.

1. 基于情境的行动

情境认知理论认为，人类活动是复杂的，包括了社会、物理和认知的因素。人们不是根据内心关于世界的符号表征而行动的，而是通过与环境直接接触与互动来决定自身的行动的。在这种基于情境的行动中，隐含在人的行动模式和处理事件的情感中的默会知识将在人与情境的互动中发挥作用。同时，实践者要经常对情境进行反思。研究表明，不同领域的实践都存在着情境行动与行动中的反思相互交替的现象。情境学习的支持者倡导以两种途径学习知识与技能：一是重视一般技能的教授，使之迁移到多种情境中去；二是强调在应用情境中教授知识与技能，强调知识必须在一定的背景中学习。这种背景可以是真实工作环境、真实工作环境的高度模拟替代和抛锚背景。

2. 合法的边缘参与

合法的边缘参与是情境认知理论的中心概念和基本特征。该概念的提出在很大程度上增强了情境学习的非中心化观点。根据这个特征，基于情境的学习者必须是共同体中的"合法"参与者，而不是被动的观察者，同时他们的活动也应该在共同体工作的情境中进行。边缘的参与是指这样一个事实：即由于学习者是新手，他们不可能完全地参与共同体活动，而只是作为部分共同体活动的参与者。他们应该在参与部分共同体活动的同时，通过对专家工作的观察、同伴及专家的讨论，进行学习。

"参与"意味着新手（学徒）应该在知识产生的真实情境中，通过与专家、同伴的互动，学习他们为建构知识应做的事情。为此，合法的边缘参与应该是学习者获得文化的机制，它包括了学徒与专家之间的联系，也包括了与其他所有作为实践文化组成部分的参与者、符号、技能和观点的联系。但合法的边缘参与不是一种教学方法，确切地说，它是用新的方式观察和理解学习的透镜。

情境学习中有关合法的边缘参与的研究主要关注的是学习者的社会参与的形式，学习则是其中必不可少的要素。

3. 实践共同体的建构

情境学习将社会性交互作用视作情境学习的重要组成部分。由此，在研究中显现出一个统一的概念，这就是实践共同体。该概念既强调学习是通过参与有目的的模仿活动而建构的，也同样强调实践与共同体的重要性。该概念的提出表明，在情境认知中知识被视为行动与成功的实践能力，学习可被理解为一种结果，可被看作是一种增强对共同体验的情境的参与能力。

三、情境认知理论的基本观点

（一）情境认知理论的知识观

情境认知理论认为，所有的知识都和语言一样，其组成部分都是对世界的索引。知识来源于真实的活动和情境，并且只有在运用的过程中才能被理解。因而，只有在丰富的社会真实情境中运用知识，人们才能真正理解它的内涵，并正确、灵活地使用知识。知识是活动、背景和文化产品的一部分，它正是在活动中，在丰富的情境中，在文化中不断地得到运用和发展的。情境认知之所以将知识看作工具，是因为知识和工具一样只有在应用的过程中才能完全被理解，它的概念既是情境性的，又是通过活动和运用而不断发展的。情境认知理论不是把知识作为心理内部的表征，而是把知识视为个人和社会或物理情境之间联系的属性以及互动的产物，并试图通过实践中的活动和社会性互动促进学生的文化适应。因此，参与基于社会情境的一般文化实践是个人知识结构形成的源泉。情境学习理论要求注意知识表征的多元化问题，并加强各种知识表征（语义的、情节的和动作的）之间的联系，同时注意使知识表征与多样化的情境关联，并要求处理好情境化与非情境化之间的平衡。

（二）情境认知理论的学习观

情境认知理论认为，学习要在一定的情境或文化中发生才有效。这样的学习有利于提高学生解决问题的能力，而脱离情境的学习则无此效果。因此，真实活动是学习者进行有意义、有目的学习的重要途径，对学习者知识的获得十分重要，应当成为学习的中心。情境认知理论认为，学习不仅仅是为了获得一大堆事实性的知识，学习还要求积极思考并且产生行为，要求将学习置于知识产生的特定的物理或社会情境中，学习更要求学习者参与具体情境中的真正的文化实践。

（三）情境认知理论的教学观

情境认知理论认为只有当学习被镶嵌在运用该知识的情境中时，有意义学习才有可能发生。因此，在教学中要提供真实或逼真的情境与活动，以反映知识在真实生活中的应用方式，为理解和经验的互动创造机会，提供接近专家以及对其工作过程进行观察与模拟的机会；在学习的关键时刻应为学习者提供必要的指导与搭建"脚手架";在学习过程中为学习者创设可扮演多重角色、产生出多重观点的情境提供可能的帮助;构建学习共同体和实践共同体,支撑知识的社会协作性建构;促进对学习过程与结果的反思以便从中汲取经验,扩大默会知识,促进清晰表达以便使缄默知识转变为明确知识。

（四）情境认知理论的评价观

情境认知理论认为,评价必须模拟真实性任务,并能引发学习者进行比较复杂又具有挑战性的思维。同时,在确定评价标准时,必须考虑到问题是有多个角度的,因此答案不是唯一的。评价的焦点应是真实情境中解决问题的认知过程,使学习者不仅关注测试的结果,更要注意自己认知策略和知识结构的发展。另外还要提供关于学习的真实性、整合性的评价。

四、情境学习理论的教学模式

情境学习理论有认知学徒制、抛锚式教学、交互式教学以及合作学习四种教学模式。

（一）认知学徒制

这是布朗等人考虑到知识的情境性而首先提出的。通过这种认知学徒模式对学生进行情境化的真实教学。认知学徒制的方法试图以一种类似于行业学徒的方式——明显是成功的——通过活动与社会相互作用使学生适应于真实实践中的现存文化类型。认知学徒制通过学生在现实领域中的活动获得发展,并使用认知工具,从而支持领域中的学习。这类似于手工艺中的师徒传授法,让学生（学徒）在真实实践中通过活动和社会性相互作用获得和使用认知工具。专家的传授方法主要是示范和指导,学生通过将自己的观察、模仿和专家的指导结合起来获得技能。在这一过程中,学生更多关注于专家完成知识经验和复杂的真实任务时所采用的推理过程和策略。这种教学有助于学习者学习的内化并发展自我指导和自我修正技能,也适用于学校里的各认知科目的学习。

（二）抛锚式教学

这种教学提供以录像为基础的锚,把有意义的问题和解决问题所需的信息嵌入其中，教师提供的是真实任务，学生必须识别要解决的问题，区分有关与无关的数据，从多种角度出发进行探究，建构起关于该领域的丰富知识。研究表明，在抛锚式教学方式作用下的学生比传统教学方法培养的学生能更容易且更频繁地驾驭所学知识。更重要的是，学生更有能力将解决问题的技能迁移到新的领域，所以他们对教学的态度更积极。

（三）交互式教学

这是一种阅读理解方法，让学生和老师合作从书本上获取知识，使用认知策略，如抽象、提问、明晰以及预测。对所有交互式教学的回顾表明，学生不仅学会了如何阅读（可能通过标准化测试和理解测试来衡量），而且学会了运用认知策略。埃迪斯考温大学的研究人员在将情境学习的原理运用于交互式多媒体教学模式的设计中时，提出了能体现情境学习重要特征的交互式多媒体教学设计模式。该模式包括情境学习过程中三个构建要素：学习者、互动式多媒体程序和实施过程。该大学研究人员认为，在制作一种程序时，必须考虑学生将怎样应用它，以及在实际应用中该程序将如何支持学习程。为此，我们在设计交互式多媒体教学时，必须考虑以上三种互相作用的、重叠的要素。

（四）合作学习

学习，无论是发生在学校之内还是在学校之外，均是通过合作的社会相互作用与知识的社会建构而进步的。布朗等人为促进合作学习指出如下策略：集体的问题解决；扮演多种角色；比较、面对无效策略与错误概念；提供合作工作能力。

五、情境学习理论在教学中的应用

情境学习强调在真实的情境中通过完成真实的任务来获得知识与技能，并推崇认知学徒制策略，因而与传统的教学设计相比，表现出极大的差异。因此，基于情境学习理论的教学设计必须考虑以下四点：

（一）教师必须选择复杂的、真实的情境

这种情境能使学习者有机会生成问题、提出各种假设，并在解决结构不良的、真实的问题的过程中获取丰富的资源。同时，该情境还能提供其他丰富的例证或类

似问题以使学习者产生概括化与迁移。

布朗和杜吉德（Duguid）指出，大量的默会知识隐含在共同体的实践之中，它难以进行明确的教学。因而，对教学设计者最大的挑战是，他所设计的学习情境要让学习者"偷窃"到他们所需的知识。在学校学习中，学习情境一般不可能是实际的工作环境，这可以通过由录像提供的逼真的"虚拟"或仿真的情境或学生实地考察来代替。

（二）设计者必须给学生提供适当的支撑

支撑是指学习者处于维果斯基所说的"最近发展区"的最佳挑战水平上时，给予适当的支持。同时，随着学习者在实践共同体内从新手向专家的转变，这种支撑要逐渐减少。支撑的方法包括内隐的思维过程的外化，给予暗示性与间接的指导等。此外，在专家身边工作以及与同伴合作也能提供有效的支持。

（三）教师必须转变角色并努力适应新的课堂文化

即教师不再是知识的传授者而是学生学习的促进者。教师要转变角色，这并非易事，尤其在我国有数千年的"师道尊严"与教师"讲习"的传统。因而许多教师本身可能也需要得到实践共同体的支持以便实现这种转化。

（四）设计者必须在学习过程中对学生实施持续的现场评定

传统测验主要测量回忆陈述性知识与程序性知识，而不能适当地评价高级思维技能与发现问题以及解决问题的能力。情境学习的评价出现以下若干种趋势：自我参照评定；灵活测量迁移能力；以学习者为中心；评价尺度的多样性与灵活性；要求生成与建构；实施持续的、进行中的过程评价。总之，评价要与学习自然地整合在一起。具体的方法包括记录着从新手成为专家的认知成长档案袋；强调知识应用而不是知识回忆的实作 / 作业评定，以及反映知识理解程度的概念图等。

第三章　中学数学教学理论与内容

数学是研究客观世界的空间形式和数量关系的科学，不仅它的应用范围日益广泛，而且它的思维方式对工程技术、自然科学，甚至社会科学的学习、研究和应用都有极大的作用，因此，数学一直是学校教育的一门重要学科。由于数学的高度抽象性，使人们对它敬而远之。经验表明，教好数学是不容易的，如何进行数学教育，长期以来，人们进行了广泛的讨论和研究。

第一节　中学数学教学原则

数学教学原则是根据数学教学目标，为反映数学教学规律而制定的指导数学教学工作的基本要求。作为一种教学活动，毫无疑问，数学教学过程必须遵循教学论对数学教学工作提出的一系列的基本要求。但作为一种特殊的学科教学，必然有其自身的特点及规律性，也需遵循自身的一些特殊要求。

我们从数学学科的特点、中学生身心发展实际出发，结合我国当前数学新课程理念和数学新课程改革的教学实践，探讨数学教学必须遵循的一些特殊的基本要求，即数学教学原则。

一、具体与抽象相结合原则

（一）对数学抽象性含义的理解

抽象性是数学的基本特点。所谓数学的抽象性，是指数学为了在比较纯粹的状态下研究客观世界的空间形式和数量关系，不得不把客观对象的所有其他特征抛开不管，而只抽象出它的空间形式和数量关系进行研究。因此，数学是以客观世界的空间形式和数量关系作为自己的研究对象，具有十分抽象的形式。一般来说，数学的抽象性至少表现在以下几个方面：

（1）数学的内容是高度抽象的，是抽象的、纯粹的形式结构和数量关系。例如，在某点上的导数就是一个形式化的抽象概念：设函数值 $y=f(x)$，当自变量: x 由 x_0 变化到 x_1，即自变量有一个增量 $\Delta x=x_1-x_0$ 时，函数值 y 相应地有一个增量 $\Delta y=f(x_1)-f(x_0)$，若差商 $\dfrac{\Delta y}{\Delta x}$ 的极限 $\lim\limits_{\Delta x \to 0}\dfrac{\Delta y}{\Delta x}=\lim\limits_{\Delta x \to 0}\dfrac{f(x_1)-f(x_0)}{x_1-x_0}$ 存在，则称这个极限为函数 $f(x)$ 在 x_0 点的导数。

这样一个抽象的概念却具有很普遍的意义，例如它在物理学中，可以表示运动着的物体在某一时刻的瞬时速度；在经济学中，导数还可以表示边际经济量，如边际成本、边际效益、边际利润等。

（2）数学的方法也是高度抽象的。这不仅表现在数学使用了大量抽象的数学符号，而且还表现在它的思维方法上。数学思维以深入细致的观察为基础，以分析、综合、归纳、概括、类比等为手段，充分运用逻辑推理的方法去进行思维。例如，反证法、数学归纳法、极限的方法、微积分的方法等都充满了抽象性。因此，数学的思维以抽象思维为主。

（3）抽象性还表现出逐层递进的特点。数学的每一次向更高层次的抽象必须在前一次抽象材料的基础上进行。例如，由数到式，由式到函数，又由函数到关系等，都是一个层层递进的抽象过程。

（4）数学的抽象可以达到人们感知所不能达到的领域。例如，小学时我们学十位数以内的加法，可以用扳手指头的方法去做，但学到多位数加法时，却不能用扳手指头的方法去做了，必须用一定的抽象思维去思考。一维空间我们可以通过火车在铁轨上行驶的情景去感知，二维、三维空间我们也还可以从我们的生活中找到实际模型去感知，但四维、五维……n 维空间，我们便很难感知到了，只能抽象地在头脑中思考。

（二）运用具体与抽象相结合的原则进行教学

当前，中学生的抽象思维能力普遍较弱，表现在过分地依赖具体材料，一方面不能有效地从具体素材中过渡到抽象的数学内容中去；另一方面又不能灵活地将抽象的数学理论应用到具体的问题中去。而在教师方面，又往往容易忽视设置较好的现实问题情境或运用直观的教学手段将问题逐渐过渡到抽象的数学内容中去。这一教学矛盾的产生，主要原因就是没有妥善处理好具体与抽象的关系。为了更有效地提高教学效果，教师在教学中应遵循从具体到抽象，再由抽象回到具体的教学模式进行教学。一般来说，应该注意加强以下几个环节。

（1）通过运用生动、形象、具体直观的现实材料和教学语言来引入和阐明新的数学概念等内容。例如，通过温度的升降，货物的进出等实例引进具有相反意义的量，再进一步提出正数、负数的概念。又如，学生在刚学习立体几何时，常常难以想象图形在三维空间中的情境，这时教师可引导学生先观察活动的门板、讲义夹、粉笔盒等实物模型。只有当学生形成了一定的感性认识之后，才可能形成抽象的概念。

值得注意的是，有人误以为看得见、摸得着的"现实材料"才是生动、形象、直观的，因而忽略了运用语言或形式的直观去引入数学新概念。其实，如果现实中难以找到具体的模型，还可以从学生已有的"数学现实"中去发掘，这些"数学现实"可能是低一层次的数学的抽象，但这些抽象在具有一定能力的学生看来却仍然是形象直观的。

（2）教师在运用生动形象、具体直观的数学材料来引入和阐明新的数学概念时，应及时发挥教师的主导作用，引导学生归纳出抽象的、具有一般性的数学概念和结论来。因为具体、直观只是手段，而培养抽象思维能力才是我们的重要目标。

（3）学习了有关的抽象的数学理论之后，应将它再运用到具体的实践中去，解决具体的问题，解释具体的现象。这便是从抽象到具体的过程，这个过程对学生深刻掌握有关的数学理论知识，培养学生的能力有重要的实践意义。例如，在学生学习了立体几何中"两条相交直线决定一个平面"这个定理之后，再让学生用这个定理去解释：为什么木工师傅用两条细线分别交叉固定在桌子的四个脚底部便可判定桌子的四脚是否落在一个平面上？

（4）从具体到抽象，再从抽象到具体的过程，往往不是一次完成的，有时要经过循环往复才能完成。只有在教学中时时注意坚持具体与抽象相结合的原则，才能取得最佳的教学效果。

二、严谨性与量力性相结合原则

（一）对数学严谨性和量力性含义的理解

严谨性也是数学的基本特点，所谓数学的严谨性，就是指对数学结论的叙述必须精确，结论的论证必须严格、周密，整个数学内容被组织成一个严谨的逻辑系统。这个数学的逻辑系统一般都具有这样的模式：提出完备的公理体系，由此确定尽可能少的基本概念和公理，根据这些基本概念和公理，用逻辑的方法推出一系列的性质和定理。数学的严谨性具有以下几个方面的特点。

（1）数学的严谨性并非一下就能形成，而是经历了漫长的非严谨的过程才逐渐形成的。例如，大家所熟悉的平面几何学，刚形成阶段是粗糙的和单凭经验的，也没有经过系统化，只是些零星的个别问题的特殊解法，这是实验几何阶段。直到公元前 3 世纪，著名的几何学家欧几里得才在前人的基础上，按照严密的逻辑系统，编写了《几何原本》（共 13 卷），奠定了理论几何的基础。但这时的《几何原本》仍然存在公理不够完整、论证有时求助于直观等缺陷。这些缺陷直到 19 世纪中叶才渐渐被人发现，到 19 世纪末期，才完成了对几何逻辑结构的认识，达到当前严密的程度。微积分的发展也一样，牛顿和莱布尼兹于 17 世纪后半叶建立了微积分，直到 19 世纪初，它还是不够严密的。再有，函数概念的发展也是经历了几个发展阶段才逐渐严谨起来的，这一点在中学数学课本中就有明显的反映。

（2）学习数学的严谨性还具有一个随着人们的认识能力的发展而逐步提高的过程。例如，学生刚学习线段、射线、直线的概念时，对它们三者的区别往往是模糊不清的，看到一条线便想到直线，以至会出现求"直线 AB 的长度"等语言不严谨的错误。一般来说，学生刚学习一些较精确的数学概念和语言或一些严格的推理论证时，是不太适应的。认识往往依赖直观，只有通过一段时间的学习，才会真正理解其含义，达到一定严谨性的要求，因此，数学的严谨性在学习上具有阶段性。

（3）数学的严谨性还具有相对性。这就是说，侧重于理论的基础数学和侧重于应用的数学，它们对严谨性的要求是不一样的。正因为如此，对于同一数学内容，如函数极限，数学系的教材和工科的数学教材在方法处理、体系安排上均有很大不同。前者注重知识的发生过程，后者则偏重知识的发生结果。所谓量力性，简而言之就是量力而行。这主要是针对数学教学的对象而提出的，它要求教师应充分考虑到学生思维发展的水平、理解的程度和接受的能力来组织教学，既不可要求过高，也不能要求过低，要使所授的知识可以让学生接受。因此，在数学教学中，如何安排课程、处理教材、设计方法等都必须考虑青少年的年龄特征，对数学的严谨性要有一个逐步适应、逐步提高的过程。

（二）运用严谨性与量力性相结合的原则进行教学

（1）认真钻研课程标准、教材，明确把握教材的严谨性要求。一般来说，课程标准、教材对各部分的数学内容都有明确的要求，虽然对其严谨性没有明确指出，但通过分析思考课标、教材对各内容要求的深浅度，就可以把握其严谨性要求的高低。教材有时对有些内容避而不谈，或用直观说明，或用不完全归纳法印证，或对不必说明的做了说明，或扩大公理体系等，这些做法主要是考虑到学生的可接受性，故意降低内容的严谨性，让学生更好地掌握要学的数学内容。当前数学教育界提出的"淡化形式注重实质"的口号实质上也从一个侧面反映出教学必须坚持严谨性与量力性相结合原则的问题。

（2）在具体的概念和定理等内容的教学中，不要一下子和盘托出所要学习的概念和定理等全部内容，要体现出逐层逐步严谨的过程。例如，九年义务教育初中数学教材在提出平行线定义之前，先引导学生观察黑板相对的边线、路边的电线杆、火车铁轨等实物模型，然后再指出，若将它们都看成直线，则都是不相交的直线。如果这时让学生归纳出"不相交的两条直线，叫作平行线"，那么就少了"在同一个平面内"这一条件，是不够严谨的。如果这时教师再用教室天花板和地板上的两条异面的边线作为反例，指出不相交的两条直线也还有不"平行"的情形，然后再补充、更正学生原来所归纳出的不够严谨的定义，这样，学生对平行线的定义的理解便会深刻、精确得多。这样的教学过程既能使学生的认识逐步严谨，又易于学生接受，贯彻了严谨性与量力性相结合的原则。

（3）在教学中，要有意识地逐步培养学生言必有据、思考缜密、思路清晰的良好思维习惯，这些思维习惯是学生的数学思维严谨性程度高低的主要标志。

所谓言必有据，即是要求教师无论在计算、推导、论证中，还是在作图中，每一步过程都要有根有据，这些根据即是所学过的概念、公式以及定理等。

所谓思考缜密，就是考虑问题要全面、周密、准确，不能有漏洞。学生对数学定义的本质含义理解不清，忽略定理的条件限定，不注意公式定理的适用范围等，都是思考不缜密的表现。当然，缜密的思维不是一两天形成的，要通过长期的训练。

所谓思路清晰，就是要求学生对解决一个问题要分几个步骤才能完成，要从几个方面进行思考，要分几类情形进行讨论，要从几个侧面进行分析等都要心中有数，有条不紊。因此，对于学生刚学习的新知识，要学生写出具体的程序、步骤是很必要的。例如，在学习合并同类项时，先要求学生找出同类项，再确定各项符号、系数，最后再合并，写出最后结果。又如解一元一次方程，让学生按照"去分母—去括号—移项—合并同类项—系数化为 1"这样的程序去解题，对培养学生的清晰思维习惯是很有帮助的。

（4）在平时，要在研究学生的年龄特点、个性特点、智力、能力水平方面下功夫。因为如果教师对学生的能力水平等问题估计不准确，就不可能贯彻好"严谨性"和"量力性"的原则。特别是目前全国已基本普及义务教育，我们的数学教育一方面要面向全体学生，不能只顾少数"尖子生"；另一方面学生的能力水平又参差不齐，差别很大，形成了尖锐的矛盾，要贯彻严谨性与量力性相结合的原则确实有一定的难度。但义务教育初中数学教材已充分考虑了这一情况，只要我们认真钻研教材、课程标准，深入了解学生，就能处理好"严谨性与量力性"的问题。

三、培养"双基"与策略创新相结合的原则

（一）数学"双基"与策略创新的含义

数学"双基"就是指数学基础知识和基本技能。数学基础知识，即数学知识网络中的"结点"，包括中学数学中的概念、定理、公式、法则、方法等。基本技能是指与数学基础知识相关的按照一定程序与步骤进行的操作方式，包括运算、推理、数据处理、画图、绘制表格等心智活动。正确理解数学概念是掌握数学知识的前提，而牢固掌握定义、性质、公理定理、公式、法则等数学规律和解题、证题的方法，则是学好数学的必要条件。

策略创新是根据数学的探索性特征提出来的，其内涵就是波利亚推崇的"合情推理"，包括观察与实验、想象与直觉、猜想与验证等数学的探索性特征和创造性思维方式，它们体现了数学的策略创新精神。对大多数学生来说，培养策略创新精神比起数学基础知识的学习更为重要，因为这种数学的策略创新精神一旦转化成学生的素质，就会大大提高学生的创造力，成为他们受用终身、取之不竭的力量源泉。

（二）运用培养"双基"与策略创新相结合的原则进行教学

1. 转变观念，与时俱进地认识数学"双基"

数学"双基"是一个动态的概念，随着时代的发展也在发生变化。数学的基础知识是在变化着的。比如，随着计算器、计算机的使用，珠算必将退出数学课本，心算、笔算的计算能力可以降低要求；在新课程中，一些繁、难、偏、旧的课题已退出必修课程内容；与此同时，概率统计、算法、与日常生活相联系的数学内容，则成为数学课程的"基础"；运用现代技术学习数学也将是"双基"的一部分。过去的基本技能强调形式化的逻辑演绎能力，这也是不完整的。学习数学知识的背景及其应用，培养数学建模的能力同样是数学基本技能的组成部分。因此，数学"双基"也需要与时俱进，我们要在继承传统的数学"双基"的合理成分的同时，摒弃不必要的烦琐记忆要求，增加新兴的数学知识和技能要求。

2. 重视"双基"教学，加强合情推理培养

数学"双基"教学是中国数学教学的传统和特长，现在世界上许多国家的数学教育在向我们学习，这是中国数学教育界长期实践经验的总结和理论研究的成果，对世界数学教育是一个重要贡献，我们不能丢，也不应该丢。特别是在当前数学课程改革实践过程中，我们要以新的、发展的数学"双基"观重新认识数学"双基"，继承和发扬"双基"教学的优点，避免和克服"双基"教学中的不足和缺点，比如只重视逻辑推理忽视合情推理的培养，强调记忆忽视理解，注重解题训练忽视思维过程等。

3. 把握数学"双基"和数学创新的关系

在我国传统的数学教育中，由于过分强调统一的数学基础，忽视了学生的个性和创造能力的培养，致使学生产生"基础过剩"的现象，而导致创新意识失落、创造能力低下。因此，我们不能仅仅把"视基础"作为中国数学教育的关键课题来处理。一个完整的数学教育模式、教学原则，一个科学的数学教育理论，必须把"基础"和"创新"这两个方面同时加以研究。没有基础的创新是空想，没有创新指导的"打基础"是傻练。基础要为发展服务，盲目地打基础，过量的练习是无效的劳动。在花岗岩上建一个茅草房，不是我们想看到的。强调数学"双基"需要把握适当的"度"。"以学生的发展为本"，把数学"双基"和数学创新放在一起进行研究，找出适度的平衡，必将成为数学"双基"教学原则研究的指导思想。

四、精讲多练与自主建构相结合的原则

（一）精讲多练

我国数学教学目标经历了由掌握知识、发展能力到素质培养的不断前进提升的过程，数学课堂教学也从多讲多练、高密度、大容量，逐步走向精讲多练、变式练习、关注过程的教学模式。精讲多练是当前数学课堂教学的主要做法。精讲，是针对教师讲解提出的，要求教师要精选典型问题做出讲解，对数学概念、定理中的关键点做出精辟讲解。讲解要少而精，要有针对性、代表性、普遍性，不搞一言堂，个别问题作个别教学。多练，是要求学生练习解题必须达到一定的数量。

（二）自主建构

建构性是数学学科的又一基本特性。对于数学知识的建构性，社会建构主义哲学家欧内斯特给出了阐述：

（1）数学知识的基础是语言知识、约定和规则，而语言知识是一种社会建构。

（2）个人的主观数学知识发表后转化成让人接受的客观数学知识，这需要人际交流和交往的社会性过程。

（3）客观性本身应该理解为社会性的认同。郑毓信教授也认为，即使就最简单的数学对象而言，它们都是抽象思维的产物，从而，数学就其本质而言就是一种建构的活动；数学的研究对象正是通过这样的活动得到建构的。其实，不仅数学的研究对象是建构的，即数学知识是人建构的产物，而且数学的研究方法、研究工具、研究模式、理论体系等一系列内在成分都是建构的产物。建构性是数学的基本属性。

数学的建构性特征决定了数学学习的建构性，所谓建构就是"建立"和"构造"关于新知识认知结构的过程。"建立"，一般是指从无到有的兴建；"构造"，则是指对已有资料的结构、框架加以调整、整合或者重组。对建构主义来说，更是认为学习是学生依据自己已有的知识经验主动建构的过程；知识不能被动接受、不能被传递，需要学生主动地自我建构其意义。就数学学习来说，有意义的接受学习和有意义的发现学习是数学建构性学习的两个基本过程。对数学知识意义的理解、数学能力的提高、数学素质的养成，需要学生智力参与、自主活动和个人体验，别人是无法替代和包办的。可以说，建构性学习也是数学学习的根本途径。

（三）精讲多练与自主建构相结合的原则

首先，确立学生学习的主体地位。学生是学习的主体，但在实际教学中，主体性常常受到教师主导性的排斥。是否真正确立和发挥了学生学习的主体性，可以从以下几个方面去衡量：学生学习的积极性、自主性、探索性、深刻性。

其次，教师要为学生自主建构而精讲。在数学教学中，教师的地位和作用是绝对不容忽视的，教师也绝对不能自我放弃。教师的讲解应当为学生学习服务，为学生的发展服务，在"精"字上下功夫，使精讲具有针对性、有效性。为此，教师需要深入了解学生真实的思维活动，努力助学生获得必要的经验和预备知识，使学生自主建构获得必要的基础。高度重视对学生错误的诊断与纠正，克服自我建构的偏差；充分注意学生在认识上的特殊性。因此，教师要善于创设数学问题情境，引导学生经历观察、实验、归纳、猜想、验证、应用等建构活动，不搞一言堂。进行民主教学，给学生自主建构留有充分的空间和时间。

再次，注重数学过程教学。学生的认知活动遵循数学知识的历史发生过程，教师的讲解为了促进学生的自主建构，应当创设数学问题的情境，让学生提出问题、分析问题、解决问题，在问题情境解决过程中学习数学知识、建构意义。

第二节　中学数学教学模式与方法

一、传统的常用数学教学方法

数学教学的某一方法、方式和手段能否应用，主要看它是否符合学校数学教学改革的精神。当前，大多数学课堂教学仍然采用传统的教学方法：学生在教师的组织下，有计划、有步骤、有目的地通过听课、练习、研究和实践，掌握知识。随着时间的推移、经验的积累，形成了一批行之有效的教学模式，如讲解法、讲练结合法、谈话法、教具演示法等。研究在深入，实践在发展，很难评价哪一种是最优的教学模式，也没有一种模式是放之四海而皆准的。为了与现代教学模式相区分，我们把它称为传统的。以下列出的是其中最常用的几种教学方法。

（一）讲解法

课堂上教师的主要活动是口头讲解、扼要板书，学生的主要活动是听讲思考、重点记录、做练习，这种教学方法叫讲解法。讲解法主要用于新单元的开始、新概念的引入、新命题的得出、新知识的归纳总结以及学生提问的集中答疑。讲解法的优点是：教师能在周密备课、精心设计之后，比较流畅连贯地把知识传递给学生，易于保持知识的科学性和整体性，教师比较主动、省时，能较好地控制教学过程。讲解法的最大缺点是难以及时反馈，目标对象指向大多数，不利于学优生的发展和学困生的转化。

讲解法的基本要求如下：

1. 科学性

讲解概念要清楚、正确，揭示概念的内涵、外延，把握概念的本质特征；讲命题证明，推理要合乎逻辑，着重分析证明的思路和方法，把握数学思想和思维方向；新知识的引出要符合认识规律，归纳总结要抓准精要。整个讲解的内容与过程不仅要符合数学自身科学性的要求，而且在教育、心理、哲学诸方面也必须符合科学性的要求。

2. 系统性

讲解内容的体系、层次、结构具有系统性，讲解符合认识规律、突出重点、抓住关键，突破难点。从引入课题、提出问题到展开、寻求解决路径直至解决，规范有序，给学生一个整体把握的感受。

3. 启发性

运用启发性的语言和各种启发手段和方法，激发学生兴趣，增强解决问题的信心和毅力。

4. 针对性

讲解的对象是听知识的学生，讲解内容的深度速度，要针对课堂上活生生的人。注意到他们的反应，熟悉他们的基础知识及能力准备。针对所讲内容的理解程度和各自的思维特点，随时调整讲解的进度或改变讲解的方式，甚至停下来，穿插学生的合作活动，针对不同人的个性，量力而行，因材施教。

5. 深刻性

讲解切忌泛泛而谈。平铺直叙，按部就班，不论难易，一个速度，一种腔调。

对关键的、重点的内容，要调动各种手段，引导、激发学生探究的积极性。要知道，教师自以为讲深了，学生也未必理解了；教师自以为讲透了，学生也不一定掌握了。要给学生思考、研究讨论、应用、自己动手动口的机会，不仅要学生理解数学知识本身，最好还能发现隐含在其中的数学思想、数学方法，在知识、思想、方法和应用的结合上讲清问题。教师的讲解应在此多下功夫。

6. 语言要生动

教学语言要通俗易懂而且幽默，讲解要准确、生动活泼、直观形象、能吸引人，而最终让学生掌握的又应该是准确严谨的数学语言与符号。

（二）练习法

这是一种在教师指导下，让学生通过练习、独立作业，掌握基础知识和基本技能的教学方法。一般是在一个课题、一个单元结束之后采用这种方法。它可以让学生通过集中的练习，理解和消化一个阶段以来尚不完善、不深刻、不熟练的知识。通过练习，矫正认识中的错误，补充知识上的缺欠，加强对尚未理解的知识间联系的把握，进一步增强技能、形成一定的技巧，特别是让各类程度不同的学生都经历自己的思维与实践的过程。

练习法的优点如下：在教师得当和恰到好处的组织下，学生能最大限度地发挥自己的主体作用，使各类不同学生的能力都得到提高。学生通过自己动手动脑来解决问题，一部分学生可以体验到探索和创新的喜悦，一部分学生也可以通过成功练习增强学好数学的信心。

练习法的缺点：如果教师组织不好，安排不当，学生会放任自流。说话的、看小说的、玩的，干什么的都有，就是少有真正练习的。而学困生则干脆放弃，不仅拉大了程度不同的学生的成绩差距，而且会使学困生丧失学习信心。

练习法的基本要求如下：

（1）教师要准备充分，有多套、多层次、适合不同学生需要的由易到难、能吸引学生的练习题。对每一套练习题的目的、要求完成时间、完成之后的衔接，都交代清楚。然后让学生独立或合作完成。

（2）教师要做好个别辅导，及时质疑解难。对大多数不会做或带普遍性的错误，教师要当堂讲解；对要判成绩的练习，要及时反馈，公平判定成绩。

（3）练习课也不能"满堂练"，要至少留下 10 分钟时间让大家交流，或由学生作总结。

（4）练习课后要有进一步的练习作业，给学生进一步实践体验的机会。

（三）讲练结合法

这是一种通过教师的讲、学生的练，讲讲练练、边讲边练、讲练结合的教学方法。它有多种方式，可以灵活多变。可以"以练开头"随之讲，也可以"以讲开头"随之练；可以以讲为主、适当地练；也可以以练为主、适当地讲；还可以以讲练穿插进行。开头的讲，是练的前提和基础；继而的练，则是讲的深入发展；再接着讲，是在更高水平上的发展；接下去的练，则又把问题引向了更深入的程度。这种以讲带练、以练促讲、讲练结合的共同发展，一步步引导学生在复习巩固知识中不断学习新知识。在对讲练的层层衔接的思考中培养技能，形成技巧，提高能力。它实际上是现时教学中最常用的教学方法。

讲练结合法的优点是能够把教师的教与学生的学紧密地联结起来，较好地发挥教师的主导作用和学生的主体作用。尤其对低年级、年龄小、自制力差的学生，不断地变换听与做、动脑思考与动手操作的机制，可以减少他们开小差的机会，适合他们的生理要求和心理特征。讲与练的适时交替，可以使学生的信息不停地反馈给教师，便于及时发现问题，做出调整和改进。

讲练结合法也有缺点：讲与练的衔接不易控制，教师难以预料练习中可能出现的各种情况。在统一时间里，难以照顾程度不同的学生。使得有人觉得松，有人觉得紧，从而对教师了解学生的实际情况提出了更高的要求。同时对教师驾驭课堂的能力和应变能力也是一个考验。

讲练结合的基本要求：

（1）讲解应主次分明、详略得当，对教材的重点、难点、关键点要处理得当。

（2）练习要基于讲，又不能限于"讲"。

（3）讲与练要密切配合，目的明确，计划周密。

实际上，数学教学的全部过程都是讲与练不断交替、不断深入、不断扩展、不断提升的过程。任何一个学段的讲与练，都应以教学目的为指导，以教学内容为要求，从学习共同体的实际出发去组织。既反对低水平的重复练习，也反对任意拔高、急于求成的高速度、高难度练习。数学教学中的客观规律和教学原则是不能违背的。在这里，尤其应该避免盲目性和随意性。

（四）谈话法

谈话法是使用谈话、回答的方式，由教师提出问题，启发学生在认真即席思考的基础上给出回答，从而使学生获得知识的一种教学方法。按照谈话法的要求，教师把教材内容编成若干个有内在联系的问题，在课堂上逐个提出来，指定或征询不同学生的回答，在问题的不断展开和延伸下，逐步完成教学设计的目标和任务。

谈话法的优点：它在设计中就把师生的双边活动固定化了。如果问题设计得好，它有利于学生的积极思考。课堂上学生活动容易引起同学的关注，大家以平等的心态听取解答、敢于怀疑，容易造成一种良好的进取和竞争的气氛，使学生有较少心理负担，利于学生的语言表达能力的培养和思维的组织性、条理性的提高。

谈话法的缺点：由于学生对问题的提出是即席回答，缺少思想准备和一定的组织准备，会耽误一定的时间。而如果学生对问题不理解、不会，转移给别人，除耽误了更多的时间外，还会挫伤学生回答问题的积极性和自尊心。运用不好，会影响教学计划的完成。如果教师的问题设计得不成功，模糊或者笼统，则更难达到预期的效果。

谈话法的基本要求：①要设计好谈话的方案；②要较好地了解学生；③要善于引导、善于应变；④要防止形式主义的谈话；⑤要掌握好时间。

数学教学中使用谈话法，一般要经过以下步骤：

首先，提出要谈的问题。

其次，把要谈的问题数学化，弄清问题的含义。

再次，组织谈话，鼓励讨论和争论，不断明确方向，集中于问题解决的不断深化。

最后，不断整理和及时反思建议的可行性，及时总结成功的经验和失败的教训，对正确的和错误的建议进行评价，完成问题解决的目标。

传统的常用数学教学方法，有其历史的地位，是一定历史阶段、一定教育观念和教育思想的产物。面对新的教育和教学改革的形势，应该也必须进行局部的甚至根本的改革。这些教学方法是在教学实践的长期积累中，在不断总结经验、不断修正完善中形成的，至今仍有较大的影响，为广大教师所应用。随着科学技术的发展，特别是计算机和信息技术进入学教学，传统的常用方法必定旧貌换新颜。

二、素质教育和创新教育下的新教学模式

课程改革以来，我国倡导素质教育和创新教育，一些新的数学教学模式不断产生，其中以探究性数学教学、数学质疑教学、数学建模教学、活动式数学教学、开放式数学教学、整体与范例教学等较为突出。这些教学模式和方法，并非经常使用，而是根据课程和学生的具体情况适当选用。它们对常规数学教学模式是一种补充，而不是代替。

（一）MM 教育方式

MM（mathematical methodology education pattern）是指数学方法论。这种教学模式在我国也有近 10 年的教学实验和理论探讨，它最早是由无锡市教科所的徐沥泉设计并主持的"MM 课题与实验"（1989 年）演变而来。在五年三轮几十个教学班的实验过程中逐步形成了被称为 2238 的数学教学模式，并得到了著名数学家和数学教育家王梓坤与徐利治等人的肯定。

"2238"的具体内容为：

（1）两个功能——教师在数学教学过程中，要遵循学生发展和认知发展的一般规律，充分发挥数学教学的两个功能：技术教育功能和文化教育功能。

（2）两条原则——教学、学习和发现同步协调的原则与既教证明又教猜想的原则。

（3）三项目标——引导学生不断自我增进一般科学素养的目标、提高学生文化修养的目标和形成与发展学生数学品质的目标。

（4）八个变量——数学返璞归真教育、数学审美教育、数学发现法教育、数学家优秀品质教育、数学史志教育、演绎推理教学、合情推理教学和一般解题方法的教学。

这种教学方法有以下几个明显的优点：

（1）教学目的的内涵丰富且明确，即全面提高学生的数学素质（由三项目标体现）。

（2）它的理论基础是现代数学教育教学思想和认知科学。

（3）充分吸收了数学方法论的研究成果。

（4）合情推理，不变教材，不要求高水平的学生，入手容易。

（5）培养的数学素质和能力，具有广泛的可迁移性，可以惠及其他学科的学习。

MM 数学教育方式是一种新的数学教育方式，即运用数学方法论的观点指导数

学教学，也就是应用数学的发展规律、数学的思想方法、数学中的发现、发明和创新机制设计和改革数学教学的一种数学教学方式。它始于 1989 年，它的灵魂是激发学生的创造性，促进数学中的发现和发明。多年来的实践证明它的效果是好的。①

MM 方式既预示着数学教学的未来，又是一种返璞归真的数学教学方式。它发展了波利亚的数学教学思想和方法论模式，在先进的理论研究和数学教学的实践之间构建了一系列的可操作变量。

（二）小组教学法

实施新课程以来，许多实验区的数学课堂里出现了小组合作的教学方式，或称小组教学法。

1. 小组教学法的基本含义

小组教学法是指这样一种教学方法，学生通常被分成 4~6 人一组，通过独立思考与合作交流的方式展开学习活动，每名学生既作为认知个体，也作为社会个体加入学习活动。学习氛围与来自环境的知识在学习过程中起着重要作用。小组活动的结果被视为每一名成员的成就，不管是成功还是失败。小组教学法的核心是提倡学生之间的合作学习。

2. 小组教学法的实施

实施小组教学法的第一步是分组，在班级内形成相对固定的学习小组，通常是 4~6 人一组。每一次开展学习活动的一般过程如下：

（1）由教师提供学习任务，如需要解决的问题或需要研究的素材，用于产生某个概念或法则等。值得提醒的是，为了凸显小组教学法的价值，教师提供的任务最好容易引发认知冲突。

（2）小组活动。首先是小组成员在明确任务要求的情况下，通过思考对任务形成自己的理解和初步的求解思路，然后，成员间交流对问题的理解和解决问题的策略。

（3）采用分工合作的方式解决问题。

（4）组内交流问题解决的过程，使每一名成员都知道本组对问题求解的过程和最终结论。

（5）全班交流各小组的研究成果，形成若干基本结论。

这其中：第（1）步的任务是向学生提供与学生主题相关的可研讨课题。第（2）

---

① 徐利治，王沥泉 .MM 教育方式简介［J］. 自然杂志，2008(3).

步是主要的学习过程，基本任务是使每一名学生都参与到学习活动中来，并通过个人活动如操作、运算、推理等，以及与他人交流的方式进入到学习主题中来。第（3）步力图使小组中的每一名成员都能发挥自己的专长，为小组的荣誉做出自己的贡献。第（4）步的任务是保证每一名小组成员都能分享本小组获得的成果，并且能够根据需要向其他同学介绍自己小组的成果。第（5）步的首要目的是让每一个小组都有机会展示自己的成果，同时使全班同学能够分享集体的智慧。从小组教学法实施的角度来看，有许多需要注意的地方。

对教师而言需要注意的是：

（1）研究课题的选择。显然，合适的课题应具备以下特征：学生不能马上解决，但可以起步；问题有利于引起认知冲突或导致不同解决途径的产生；问题有利于用语言来表达、交流。

（2）分组。一个小组内应包括具有不同能力特征、不同数学水平、不同性别的学生，而且小组成员之间的认知距离、认知水平、风格等不宜差别太大。

（3）小组活动时间。由于交流是在彼此理解的基础上进行的，而且从产生认知冲突到合作需要一定的磨合，因此，小组活动的时间不宜太短。

（4）教师的地位和作用。实施小组教学法的一个明显难点是教师对自身教学角色的定位问题，当"我"作为主讲者出现在课堂上时，自己的角色定位得很清楚。而当学生以小组的形式展开数学学习时，教师怎样发挥引导者、组织者、参与者的作用，值得在实践中不断探讨研究。

（5）记分方式。如果给每一个小组记分，怎样记分比较合适？显然，这里的记分方式应当既可以表现出每一名学生的学习状况，又能体现小组的集体意识。

对于学生而言需要注意的是：

（1）每一名成员应清楚自己在小组中的角色和义务。

（2）必须了解研究课题的要求，知道自己所要达到的目标。

（3）应当具备交流的意识和基本技能。

（三）探究性数学教学

由于在教学中提倡"创新意识的培养"，数学教学开始注重"探究性数学课题"的模式。数学探究问题的涉及范围比较广，有时类似数学作文，学生有充分的自由思考余地。探究性数学课题可以联系一些重要的数学概念和数学分支，对培养学生创新意识有较大的启发作用。这种探索性的课题，不是要学生凭空去做，而是由教师启发，追寻数学家创造性数学活动的思想轨迹，体验数学家发现数学的历程。

（四）情境教学法

情境教学法是教师为激发学生思考的积极性，创设特定的问题情境，以培养他们独立探求问题本领的教学方法。一个生动的情境设置，可以引起学生的亲切感和新鲜感，从而调动大脑皮层中的兴奋中心，提供想象与思维的前提。其后教师便利用学生感受后的兴奋状态，引导学生对问题做层层深入的思考，挖掘学生大脑潜在的能量，使他们能在一种轻松愉快的情境中进行学习。情境教育形成了"形真""情切""意远""理寓其中"四个特点。

所谓"形真"，即形象具有真切感，神韵相似，以鲜明的形象，强化学生感知教材的亲切感。情境教学以"神似"显示"形真"。"形真"不是实体的机械复制或照相式的再造，而是以简化的形体、暗示的手法获得与实体在结构上对应的形象，从而给学生以真切感。

所谓"情切"，即情真意切，情感参与认知活动，充分调动学生的主动性。李吉林认为，情境教学是以生动形象的场景激起学生的学习情绪为手段，连同教师语言、情感，教学的内容以及课堂气氛成为一个广阔的心理场，作用于学生的心理，从而促使他们积极主动地投入学习活动，达到学生整体和谐发展的目的。

所谓"意远"，即意境广远，形成想象契机，有效地发挥学生的想象力。李吉林认为，情境教学取"情境"而不取"情景"，其原因就在于"情境"具有一定的深度与广度。情境教学讲究"情绪"和"意象"的结合。情境，总是作为一个整体展现在学生的眼前，形成"直接的印象"，激起学生的情绪，又成为一种"需要的推动"，成为学生想象的契机。

所谓"理寓其中"，即蕴含理念，抽象的理念伴随着形象，有效地提高学生的认识力。李吉林认为，情境教学的"理寓其中"，就是从教材出发，由教材内容决定情境教学的形式。在教学过程中，创设一个或一组围绕教材展现的具体情境。情境教学"理蕴"的特点，决定了学生获得的理念是伴随着形象与情感的，是有血有肉的。这不仅是感性的对事物现象的认识，而且是对事物本质及其相互关系的认识。

（五）数学建模教学

数学本身就是一种数量关系的模型。算术是现实生活中数量增减的模型，函数与微积分是运动连续变化的模型。数学建模教学处理的问题具有很强的现实背景，在数学上又需要一定的深度（不能只套一个公式），要经过数学知识的综合运用，通过必要的修改，确实符合实际情境，建模过程才算完成。它可以是真实的科学数据导出的模型，也可以是一些已有的重要数学模型；可以是一节课，也可以是单元中心数学模型。

三、数学教学方法的选择与组合

（一）选择合适的数学教学方法

选用什么样的教学方法一般需要考虑教学任务的特点，学生的背景知识、经验与认识特征，教师的行为特点与可用的教学资源等。就任务类型而言，数学技能教学或许更多地采用示范与讲授相结合的方法。概念与原理的教学或许应当让学生经历其产生与形成的过程。因此，发现式也许更适合它。教师本人在教学行为倾向方面的优势或劣势也是影响教学方法选用的因素。语言表述能力强的教师可以采用讲授法，教育技术使用得比较好的教师可采用示范教学法，充分发挥自己的优势。

（二）数学教学模式和方法的多样化

应当明确的是，我们不提倡在数学教学活动中固定地使用某一种教学模式，即使是对某一教师而言。同样的课题，不同的教师用不同的处理方式，可以说反映了各自对数学教学基本定位的看法。对教材逻辑性把握得较好的教师经常采用逻辑性较强的教学方式，对教材概念与实际例子结合得较好的教师经常采用建模的教学方式。可以肯定的是，这两种方式都有积极的方面，当然也都有需要改进的地方。事实上，两种方式的适当结合必将产生更为有效的教学结果。

（三）数学教学模式组合

虽然我们应当尽可能地避免在数学教学活动中固定地使用某一种教学模式，但是，当我们设计一个实际的数学教学活动时，心里总还是会有一个"模式"挂在那儿，是"讲授法"，还是"自学法""小组教学法"或者"程序教学法"。当我们从事数学教学设计时，心里还是应当有一个教学模式的，只是对数学模式的思考不一定总是指某一个固定的形式，取而代之的可以是一个不同模式的"组合"，首先采用"A"法，接下去是"B"法，然后又是"C"法……如果一定要给它起一个名字，那可能就是"组合法"。组合法是指在一个数学教学过程中，综合使用不同的数学教学模式，也许这就是"最好"的模式。

当然，我们没有必要去命名一种数学教学方法（至少是目前），因为我们一没有理论依据，二没有系统的实践检验。但现实需要我们去思考在新课程意义下怎样去设计一堂数学课，同时，我们有能力在实践中去检验自己思考的合理性。教学的模式化研究是指教学法的形式研究。当前流行的合作学习法、目标教学法、分层教学法、自学辅导法、问题导入法等都是一些特定的教学模式。大多数模式化研究都强调教学的形式可能对教学效果发生重要的作用。形式可能会发生的作用，但形式是通过教学内容与教学水平而发生作用的。决定教学效果的因素很多，但教学思想与教师能力可能是决定教学效果的最根本的因素。每一个教学模式的实验都应该与教师的实际教学能力结合起来，与教师的专业数学水平结合起来，否则很难预见形式所能发生的作用。

第三节　数学概念、命题、推理教学

一、数学概念教学

（一）数学概念的意义和结构

1. 数学概念的意义

数学概念是数学科学知识体系的基础，同时，数学概念又表现为数学思维的一种形式。数学概念的学习与学生对数学知识的掌握、合理的数学认知结构的形成以及数学能力的提高都密切相关。因此，数学概念的教学对于提高数学教学质量，实现教学目标，都起着十分关键的作用。

数学概念是一类特殊的概念，一般指客观世界数量关系和空间形式方面的本质属性在人脑中的反映。例如，平行四边形这个数学概念，"四条边""两组对边分别平行"就是平行四边形这个概念的本质属性；"圆的概念"，反映了"平面内到定点的距离等于定长的点集"这一圆的本属性；"方程"的概念，反映了"含有未知数的等式"这一方程的本质属性。在数学中，每一个数学概念通常用一个特有的名称或符号来表示。⊙O 表示以 O 为圆心的圆；sinx 表示正弦函数。

数学概念的产生和发展有各种不同的途径，有的数学概念是从它的现实模型中直接反映得来。例如，几何中的点、线、面、体都是从物体的形状、位置、大小关系等具体形象抽象概括得来的；又如自然数概念是从手指的个数或其他单个事物集合元素的个数，或者从事物排列的次序抽象概括得来的。

由此可见，数学中的大多数概念是在一些相对具体的概念的基础上，进一步经过多级抽象概括的过程才产生和发展而成的。例如，复数概念是在实数概念基础上产生出来的，而实数概念是在有理数概念的基础上产生出来的，有理数概念是在自然数概念基础上产生出来的。

另外，有的数学概念是经过人们的思维加工，把客观事物的属性理想化、纯粹化才得来的。例如，直线这个概念所反映的"直"和"可以无限延伸"，是从笔直的条形物体的形象理想化、纯粹化得来的。还有的数学概念是从数学内部的需要产生出来的。例如，为了把正整数幂的运算法则扩充到有理数幂、无理数幂，以至实数指数幂，在数学中，产生了零指数、负整数指数、分数指数、无理数指数等概念。还有一些数学概念是根据理论上有存在的可能而提出来的。例如，自然数集、无穷远点、无理数 π 等概念都是在一定的理论基础上提出来的。还有一些数学概念是在一定的数学对象的结构中产生出来的。例如，多边形的顶点边、对角线、内角、外角等概念都是从多边形的结构中得来的。还要指出，数学中许多概念，随着数学的发展而发展成为新的概念。例如，从具有公共端点的两条射线所成的角的概念发展成为射线绕它的端点旋转所成的角的概念就是一个明显的例子。

2. 概念的内涵和外延

概念的内涵与外延是概念的基本特征，是准确把握概念和系统掌握知识的基础。概念的内涵就是概念所反映的事物的本质属性的总和，概念的外延就是概念所反映的事物的总和（或范围）。概念的内涵与外延是分别对事物的质和量的规定。

例如，"偶数"这个概念的内涵是"能被 2 整除"这个性质，其外延是所有偶数的全体。"一元二次方程"这个概念的内涵是"只含有一个未知数且未知数的最高次数是二次的整式方程"这个性质，其外延是一切形如 $ax^2+bx+c=0$（$a \neq 0$）的方程的全体。

概念的内涵与外延明确了，就可以更好地认识概念，把握概念，否则就会出现错误。例如，若对"算术平方根"这个概念的内涵不明确，往往会出现如下的错误：$\sqrt{(-2)^2}=-2$，$\sqrt{(x-1)^2}=x-1$。

要对概念加深认识，不仅要明确概念的内涵与外延，还要掌握概念的内涵与外延之间的关系。

概念的内涵与外延这两个方面是相互联系、互相制约的。当概念的内涵扩大时，则概念的外延就缩小；当概念的内涵缩小时，则概念的外延就扩大。内涵和外延之间的这种关系，称为反变关系。例如，"等腰三角形"其内涵比"三角形"概念内涵多。而"等腰三角形"的外延比"三角形"的外延小，少了那些没有两边相等的三角形。再如，"方程"比"整式方程"的内涵少（少了"两边都是关于未知数的整式"）；而前者比后者的外延大（多了那些两边不都是整式的方程）。

概念的限制与概括是明确概念的逻辑方法。概念的限制与概括是以概念的内涵和外延的反变关系为依据的。

概念的限制是增加概念的内涵，从而缩小概念外延的逻辑方法。它是由外延较大的概念过渡到外延较小的概念的思维过程。例如，增加数列的内涵"从第二项起，每一项与它的前一项的差都等于一个常数"，这样的数列就是等差数列。数列的内涵增加，外延缩小，就由数列过渡到等差数列。又如，增加等式的内涵"含未知数"，就成为方程。等式的内涵增加，外延缩小，就由等式过渡到方程。

在使用限制方法时，必须遵守两个规则：一是正确的限制必须按照概念的种类关系逐级进行。限制的结果，必须是外延大的概念包含着外延小的概念，如果限制的系列不具有种类关系，那就是错误的限制，必须予以纠正。二是限制必须适度，否则即使具有种类关系，如果不适可而止，反会模糊概念的本质。例如：

（1）根号内含有字母的根式叫作无理式。

（2）虚部为零的复数是实数，不是无理数的实数是有理数，不是整数的有理数是分数，分子与分母互质的分数是既约分数。

（1）是错误的限制，因为根式与无理式不是种类关系。（2）是不适度的限制，因为要说明的重点问题不突出，使人们对这些概念的认识反而模糊不清。概念的概括是通过减少概念的内涵，以扩大概念的外延的逻辑方法，它是由外延较小的概念过渡到外延较大的概念的思维过程。例如，由正整数过渡到整数，由整数过渡到有理数，由有理数过渡到实数，由实数过渡到复数，就是一个逐级概括的过程。概括要正确，也必须遵守两个规则：一要反映概念的种类关系；二要适度。例如：

（1）有理方程、无理方程、指数方程等代数方程。

（2）自然数、零、负整数、正分数、负无理数、纯虚数等复数。

（1）是错误的概括。因为指数方程不是代数方程，概括后的概念之间不具有种类关系。（2）是不适度的概括，使人们看不清到底要说明什么问题。

从某种意义上说，数学概念的逻辑系统就是概念的限制和概括的反映。把握住概念的限制和概括，有利于认识各类数学概念的体系，有助于掌握概念之间的内在联系，便于更好地使概念系统化。

（二）概念间的关系

逻辑上所说的概念间的关系，通常是指概念外延间的同异关系。在形式逻辑中，两个概念的外延之间。主要有以下几种关系。

1. 相容关系

如果两个概念的外延交集是非空集合，即外延至少有一部分是重合的，则称二者具有相容关系。相容关系又分为以下三种情形。

（1）全同关系——同一关系或者重合关系

如果两个概念 A 和 B 的外延完全重合，那么就说这两个概念具有全同关系。具有全同关系的概念，其外延虽然完全重合，但它们的内涵可以不同。例如，等腰三角形底边上的中线、高线以及顶角平分线的外延都是同一线段，而它们的内涵也各不相同。"等边的矩形"与"直角的菱形"，在同一个圆中的"直径"与"最大的弦"等，它们之间的关系都是同一关系。在推理证明过程中，具有同一关系的两个概念可以相互代替使用，使得论证简明。

（2）交叉关系

外延只有一部分重合的两个概念 A 和 B 之间的关系，称为交叉关系，这两个概念称为交叉概念。例如，"等腰三角形"与"直角三角形"、"负数"与"整数"、"菱形"与"矩形"等概念之间的关系都是交叉关系。

（3）从属关系（包含关系）

如果 A 概念的外延包含 B 概念的外延，那么这两个概念间的关系称为从属关系。其中 A 概念叫作 B 概念的属概念（或上位概念），B 概念叫作 A 概念的种概念（或下位概念）。例如，有理数概念是实数概念的种概念，而实数概念是有理数概念的属概念。

需要注意的是，属概念和种概念是相对的。同一个概念，相对于某一概念是属概念，相对于另一概念可以是种概念。例如，"矩形"相对于"平行四边形"来说是种概念，而"矩形"相对于"正方形"来说是属概念。同时还要注意一个概念的属概念不是唯一的，例如，"矩形"这个概念的属概念有平行四边形、四边形。我们把一个概念的属概念中内涵最多的概念称为这个概念的邻近的属，给概念下定义时要找出其邻近的属。

2. 不相容关系

如果两个概念是属于同一属概念下的种概念，并且它们的外延集合的交集为空集，那么称这两个概念间的关系是不相容关系或全异关系或排斥关系。不相容关系又分为矛盾关系和反对关系。

（1）对立关系（反对关系）

在同一属概念下的两个种概念，如果它们的外延之和小于属概念的外延，而且这两个种概念具有全异关系，那么，这两个种概念的关系为反对关系或者对立关系。这两个种概念 A、B 称为对立概念。例如，"正实数"与"负实数"是对立关系的两个概念，因为它们的外延互相排斥，其外延之和小于它们最邻近的属概念"实数"的外延。又如，"大于"与"小于"、"锐角三角形"与"钝角三角形"、"质数"与"合数"、"等腰梯形"与"直角梯形"等概念的关系都是对立关系。

（2）矛盾关系

在同一属概念下的两个种概念，如果它们的外延的和等于属概念的外延，而且这两个种概念具有全异关系，那么，这两个种概念的关系为矛盾关系。这两个类概念 A 和 B 之间的关系称为矛盾关系。例如，"负数"与"非负数"、"实数"与"虚数"、"有理数"与"无理数"、"直角三角形"与"非直角三角形"、"相等"与"不相等"等概念之间的关系都是矛盾关系，掌握了概念间的关系，有助于加深理解概念，正确地使用概念，避免出现概念或判断上的逻辑错误。

（三）概念的定义

1. 定义的结构

在数学科学系统中，对于每一个数学概念都要给予确定的内容和含义。定义是揭示概念内涵的逻辑方法。即，通过指出概念所反映的事物的本质来明确概念的逻辑方法。给概念下定义就是要明确概念的内涵和外延。概念定义就是揭示概念的内涵或外延的逻辑方法。揭示概念内涵的定义叫内涵定义，揭示概念外延的定义叫外延定义。在中学里，大多数概念的定义是内涵定义。

任何定义都是由被定义项、定义项和定义联项三部分组成的。被定义项就是其内涵被揭示的概念，定义项是用来明确被定义项的概念，定义联项则是用来联结被定义项和定义项的，常用的定义联项有"是""叫作""称为"等。

2. 定义的方法

（1）属 + 种差定义法

中学数学中，有一系列概念属于同一类，这些概念之间的外延存在属种（从属）关系。在这一体系中，对某一概念有若干属概念，从最邻近的属概念出发来定义，即把被定义的概念归入另一个较为普遍的概念（属概念）是最常用的定义方式。

给数学概念下定义常用属 + 种差定义的方式。其公式为：被定义的概念 = 最邻近的属概念 + 种差。所谓种差，是在同一个属概念里，一个种概念与其他种概念之间本质属性的差别，叫作这个种概念的种差。请看下面的例子：

定义 a：两组对边分别平行的四边形叫作平行四边形。

定义 b：只含有一个未知数，并且未知数的最高次数是 2 的整式方程叫作一元二次方程。

这种定义方式的优点在于用属概念的内涵来定义它的种概念，用种差来揭示被定义的概念的特有性质。这样的定义准确明了、精练，它有助于建立对象间的联系，有助于概念系统化。

在同一个属概念里，一个种概念与其他种概念的本质属性相差可能不只是一个。只要能把这个种概念和其他种概念区别开来，定义时，可选用其中一个或几个本质属性作为"种差"。

例如用"四边形"作属概念，选择不同的种差，可给出平行四边形下面几组定义：

a. 两组对边分别平行的四边形叫作平行四边形；b. 一组对边平行且相等的四边形叫作平行四边形；c. 两组对边分别相等的四边形叫作平行四边形；d. 对角线互相平分的四边形叫作平行四边形；

在同一教材体系中，一个概念只能采用一个定义。也许是为了与"平行四边形"这个名称协调一致，一般选用定义 a。其他定义都被表述为性质定理或判定定理。

例如定义 d 被"分解"为：

平行四边形性质定理：平行四边形的对角线互相平分。

平行四边形判定定理：对角线互相平行的四边形是平行四边形。

由上述几例可看出，用"属＋种差"的方式给概念下定义，首先要找出被定义概念的最邻近的属概念，然后把被定义概念所反映的对象同种概念中的其他概念进行比较，找出种差，最后把种差加到最邻近的属概念下，给出定义。一般情况下，应找出被定义概念最邻近的属，这样可使种差简单一些。

例如，"等边的矩形叫作正方形""等边且等角的四边形叫作正方形"，前者的种差比后者的种差要简单。

邻近的属＋种差定义方法有两种特殊形式，一是发生式定义法，二是关系定义法。

发生式定义法是以被定义概念所反映对象发生过程或形成的特征描述来揭示被定义概念的本质属性的定义方法。这种定义法是属＋种差定义的一种特殊形式。定义中的种差是描述被定义概念的发生过程或形成的特征，而不是揭示被定义概念的特有的本质属性。

例如：

a. 在平面上射线绕它的端点旋转所成的图形叫作角。

b. 把数和表示数的字母用代数运算符号联结起来的式子叫作代数式。

c. 平面内一个动点绕着一个定点做等距离运动所成的轨迹叫作圆。立体几何中有关旋转体的概念（如圆柱、圆锥、圆台等），解析几何中椭圆、双曲线、抛物线、渐近线、摆线等都是采用发生定义的。

这些定义方式的共同特点是：把被定义概念的属概念（不一定是最邻近的）加上被定义的概念的发生过程，即把概念的发生过程作为种差。

采用发生式定义的概念，在教学中必须紧紧抓住概念形成的过程和条件，并认真研究这些条件，才能切实掌握这类概念。

关系定义法是以事物间的关系作为"种差"的定义，它指出这种关系是被定义事物所具有而任何其他事物所不具有的特有属性。

例如"能被 2 整除的整数叫偶数"，这是一个关于偶数的关系定义；在几何中，研究几何元素间的位置关系，如平行、垂直、相交等定义都是关系定义；代数中的最大公约数、互质数和同类项等也是关系定义。

（2）揭示外延的定义方法

数学中有些概念，不易揭示其内涵，可直接指出概念的外延作为它的定义。例如"有理数和无理数统称实数""整式和分式统称有理式"等即是用揭示外延的方法来定义的，如果用揭示内涵的方法则难以定义。揭示外延的定义方法还有一种特殊形式，即外延的揭示采用约定的方法，因此也称约定式定义方法。

3.定义的基本要求

为了正确地给概念下定义，就要遵守下列基本要求：

（1）定义应当相称

所谓定义相称就是由定义所确定的外延与被定义概念的外延必须是相等的，不能扩大，也不能缩小。

外延扩大，就是定义项的外延大于被定义项的外延。例如，有一组对边平行的四边形叫梯形。有一组对边平行的四边形不但包含梯形，而且还包含平行四边形，定义项的外延大于被定义项的外延。"不相交的两条直线叫作平行线"也犯了类似错误。

外延缩小，就是定义项的外延小于被定义项的外延。例如，把无理数定义为有理数开不尽的方根，其中有理数的开不尽方根的外延小于被定义项无理数的外延，因为 π、e、$\lg 3$ 等都是无理数，它们都不是有理数的开不尽方根。这个定义把无理数的外延缩小了。

（2）定义不能循环

在一个科学系统中，如果把甲概念作为已知的概念来定义乙概念，但又用乙概念来定义甲概念，这就是定义的循环。例如，用两条直线垂直来定义直角，反过来又用两直线交成直角来定义垂直，这样的定义既不能揭示概念的内涵，也不能确定概念的外延。

（3）定义应简明

定义中不应列举非本质属性，也不应含有多余词语。例如，把平行四边形定义为"两组对边平行的平面四边形"，其中"平面"一词是多余的，因为平行的或相交的直线一定是共面的。此外，定义也不能含糊不清，例如，"点是没有部分的那种东西"就是含糊不清的定义。

（4）定义一般不用否定形式

定义是为了揭示被定义概念的内涵，因此定义应对被定义概念的本质属性用肯定形式而不应用否定形式。例如，"不是有理数的数叫做无理数"，这个定义就无法揭示概念的内涵和外延，达不到下定义的目的。中学数学中有些概念的特有属性就是缺乏某个属性，因此也用否定形式，例如，"同一平面内不相交的两条直线叫作平行线""不能被 2 整除的整数叫奇数"就是用的否定形式。这种情况仅限于极少数，一般来说，这种定义概念的方法，不应提倡。

4. 原始概念

在一门科学体系中，总要给概念下定义，即用已知的概念来定义新的概念，这就构成一个概念序列。可是概念的个数是有限的，所以在这个序列中总有一些概念是不能引用其他概念来定义的，这样的概念叫作这个科学系统中的不定义的概念或者原始概念。如点、线、面、空间、集合、元素、对应等都是原始概念，其中有的是通过公理来直接描述的。在教学过程中对原始概念一般是采用描述法和抽象化法或者用直观说明或者指明对象的方法来明确概念的。例如，由事物组成的集体称为集合，这是说明集合的方法而不是集合的定义。再如，用拉紧的细绳和由小孔中射入的光线来抽象出直线的概念，也是一种直观说明的方法。又如，1，2，3……叫作自然数，就是指明对象的方法。

（四）概念的划分

概念的划分就是把一个属概念划分为若干个全异种概念，是从概念的外延方面明确概念的逻辑方法。概念的划分就是把被划分的概念作为属概念，并根据一定的标准把它的外延分成若干个全异的种概念。

对于任何一个种概念，要想通过一一列举所有对象的办法来揭示它的外延是不可能的，也是不必要的。因此，必须通过正确的划分来揭示概念的外延。一个正确的划分，通常由三个要素构成，即母项、子项和划分的依据。母项是被划分的属概念，子项就是划分所得的种概念，划分的依据就是划分时所依据的标准。

例如，根据边的大小这一属性，可以把"三角形"这个属概念划分为另外的三类：

三角形 { 等边三角形 等腰三角形 不等边三角形

如果分类的根据不同，则所得的结果也不同。如果按照角的大小来划分，则"三角形"又可分为以下三类：

$$三角形\begin{cases}锐角三角形\\直角三角形\\钝角三角形\end{cases}$$

1．划分的基本方法

划分有一次划分、连续划分和二分法等基本形式。

（1）一次划分：只包括母项和子项两个层次的划分称为一次划分。例如，根据奇偶性，整数划分为：

$$整数\begin{cases}奇数\\偶数\end{cases}$$

在划分一次以后已达到划分的目的，不需要再继续划分，这时就用一次划分。

（2）连续划分：包括母项和子项三个层次以上的划分，即把一次划分得出的子项作为母项，继续划分子项，直到满足需要为止，例如，

$$有理数\begin{cases}整数\begin{cases}整数\\零\\负整数\end{cases}\\分数\begin{cases}正分数\\负分数\end{cases}\end{cases}$$

（3）二分法：它是每次划分后所得的子项总是两个相互矛盾概念的划分法。它是把一个概念的外延中具有某个属性的对象作为一类，把恰好缺乏这个属性的对象作为另一类。例如，用二分法对复数划分。

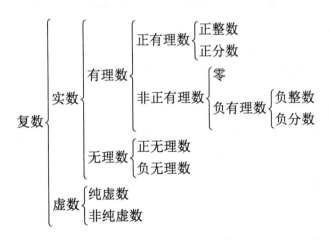

二分法常用于以下两种场合：一是不需要了解被划分概念的全部外延性质时；二是被划分的概念的外延尚未完全弄清时，二分法是一种简便易行、不易发生错误

的划分方法，这是它的优点；但是，这种划分方法总有一部分外延不能明确地显示出来，这是它的缺点。

2. 划分的基本要求

（1）划分是相称的

即要求划分所得的全异的种概念的外延的总和等于被划分概念的外延，这样被划分概念的每一个对象都应落到一个且仅一个种概念内。例如，把三角形划分为锐角三角形、直角三角形、钝角三角形是正确的；把梯形分成等腰梯形、直角梯形、不等腰梯形是错误的，因为直角梯形同时也是不等腰梯形。把矩形分成正方形、菱形也是错误的，因为分类漏掉了一般的矩形。

（2）每一次划分只能用一个根据

由于实际的需要不同，划分的根据也就不同。但每次划分不能交叉地使用几个不同的根据，只能用同一个根据划分，否则划分的结果就会混乱不清，达不到划分的目的。例如，把三角形划分为等边三角形、等腰三角形、钝角三角形，这个划分是不正确的，因为这个划分中用了边、角大小的两个不同的根据。这就犯了"标准不同一"的逻辑错误。

（3）划分不能越级

在每次划分中，被划分的概念与划分出来的概念必须具有最邻近的属种关系，不能越级或跳跃式地划分。划分应当按照被划分概念所反映的对象具有的内在层次逐一地进行。例如，把实数划分为有理数和无理数是正确的，如果把实数划分为整数、分数、无理数就越级了。

（五）概念的教学

1. 注重从多角度揭示概念的内涵

在数学教学中，教师应当从多种背景、多重层次、多个侧面、多维结构去揭示概念的内涵，使学生明确概念的本质属性。

（1）在多种背景下揭示概念的内涵

一个概念的背景往往是指概念的现实背景或现实模型，而现实背景或现实模型又多是概念的一些特例。通过特例去形成概念，可以使学生在感性材料基础上获得对概念的初步认识，同时由感性逐步上到理性，达到对概念多背景意义下的认识。

（2）在多重层次中揭示概念的内涵

数学概念具有发展性，这主要由于在不同的结构中对概念的认识是有差异的。例如，"平行线"概念在平面上可定义为"两条不相交的直线叫作平行线"，但在三维空间中就不能再用这个定义，因为异面直线也是不相交的两条直线。数学概念的发展性反映了人们认识概念的不断深入，也反映出数学概念的复杂性和抽象性。

（3）从不同侧面揭示概念的内涵

中学数学中常常会出现一个概念具有多种定义的现象，而这些定义又是彼此等价的，它们从不同侧面刻画了同一个概念的本质。在教学中，教师要引导学生从不同侧面去认识概念，全面把握概念的本质。

（4）在不同结构中揭示概念的内涵

对一个概念有时可以在不同结构中去刻画，例如，可以在欧氏平面中用点去刻画，也可以在平面直角坐标系中用有序实数对去刻画，把直线与方程对应起来，还可以采用极坐标去描述直线，用"角"和"距离"去建立直线的方程。事实上，点集与有序实数对的一一对应关系，在数与形之间构架了一座桥梁，使两个结构中的对象建立对应关系，从而使它们可以相互转化。

2. 形成概念体系

如果说概念域的形成是针对某个特定概念而言的，那么概念系的形成则涉及一组概念，这一组概念中彼此之间存在一些特定的数学抽象关系。因此，教师要经常性地梳理知识体系，概括知识结构，营造学生形成概念系的外部环境。一般说来，教师应从三个方面概括概念体系：其一，建立概念网络。可以采用概念图的方法，将每一个概念在平面上用一个点对应地表示，然后用有向线段把有关系的点联结起来。其二，明示概念之间的关系。等价概念用双向箭头表示，强抽象关系用单向箭头和"+"号表示，弱抽象关系用单向箭头和"–"号表示，广义抽象关系用单向箭头表示。其三，揭示蕴含在这个概念体系中的数学思想方法。

3. 加强概念的应用

概念应用有不同的层次，低层次是知觉水平的应用。概念在知觉水平的应用是指学生获得一个概念后，当遇到这个概念的特例时，能够把它作为概念的具体例子加以识别，也就是说，学习者能够判断组特例是否属于某个概念的外延，就达到了一种知觉水平的应用。例如，学习了等比数列的概念后，能判断一个具体的数列是否为等比数列。知觉水平的应用主要是对概念自身结构和内涵的理解，涉及概念体系中其他概念因素较少。

概念应用的高层次是思维水平的应用。概念在思维水平上的应用是指将概念用于问题解决中。由于问题解决涉及的概念命题较多，因此概念在思维水平上的应用就是一个比较复杂的过程，它需要学习者通过外部信息去激活、选择和提取相关的概念和命题，并将其与当前问题联系起来，经过一定数量的解题训练，把这些经验内化为个体的认知结构。

教师的一项任务，就是要努力为学生应用知识创设良好的环境，使他们在应用概念的过程中明了概念之间的关系，并且引导他们去构造和生成命题。

二、数学命题教学

（一）数学命题的意义

概念产生之后，人们就要运用已有的概念对客观事物进行肯定或否定。对思维对象有所肯定或否定的思维形式叫做判断。判断是属于主观对客观的认识，因此，判断有真有假，其真假要由实践来检验，在数学中要进行证明在逻辑学中，把判断按判断的量来分，有全称判断、特称判断、单称判断；按判断的质来分，有肯定判断与否定判断；按判断的关系来分，有定言判断、选言判断和假言判断。在数学中，上述各种判断都有应用，但较多的数学判断是假言判断，这种判断通常写成"如果 p，那么 q"的形式。有些数学判断虽然不是假言判断也常常写成这个形式。

关于数学对象及其属性的判断叫作数学判断。判断要借助于语句，表示判断的陈述语句叫命题。在数学中，表达数学判断的语句或符号的组合称为数学命题。

由于判断有真假，所以数学命题也就有真命题和假命题之分。命题的"真"和"假"，称为命题的真值，我们分别用 1 和 0 表示。一个命题要么真，要么假，二者必居其一。

（二）命题的四种基本形式及关系

从实质性蕴含关系的命题可以看出，数学真命题是反映数学对象的属性之间的逻辑关系。在数学中，为了全面地研究命题中条件和结论的逻辑联系，往往把一个命题的条件和结论换位，或者把条件和结论变为它们的否定，就可以得到三个新的命题。

（1）把原命题"若 A，则 B"的条件和结论换位得到新命题"若 B，则 A"这个命题叫作原命题的逆命题，两命题之间的关系叫作互逆关系。

（2）把原命题"若 A，则 B"的条件和结论分别变为它们的否定 –1A（非 A）和 –1B（非 B），则得到新命题"若 –1A，则 –1B"，这个命题叫作原命题的否命题两命题之间的关系叫作互否关系。

（3）把原命题"若 A，则 B"的条件和结论分别变为它们的否定式 –1A 和 –1B后又互相换位，则得到新命题"若 –1B，则 –1A"，这个命题叫作原命题的逆否命题，两命题之间的关系叫作互为逆否关系。

应当注意，上述的逆命题、否命题、逆否命题是相对原命题而言的。

在数学论证中研究这四种命题之间的真假关系是十分重要的，我们从一些具体例子来考察命题的四种形式的真假关系。例如：

原命题："如果两个角是对顶角，则这两个角相等。"

逆命题："如果两个角相等，则这两个角是对顶角。"

否命题："如果两个角不是对顶角，则这两个角不相等。"

逆否命题："如果两个角不相等，则这两个角不是对顶角。"

显然，原命题与逆否命题都是真的，而逆命题和否命题都是假的。可见，互逆或互否的两个命题不一定是同真或同假，只有互为逆否的两个命题才是同真同假。

四种命题的真假，有着一定的逻辑联系。

互为逆否的两个命题的真假性是一致的，同真或同假。互为逆否的两个命题的同真同假的性质通常为逆否律（或叫做逆否命题的等效原理）。用符号表示为：

$p \rightarrow q = -1q \rightarrow -1p$; $q \rightarrow p = -1p \rightarrow -1q$

互逆或互否的两个命题的真假性并非一致，可以同真，可以同假，也可以一真一假。根据逆否律，对于互为逆否的两个命题，在判定其真假时，只要判定其中一个就可以了。当直接证明原命题不易时，可以改证它的逆否命题，若逆否命题得证，也就间接地证明了原命题。从欲证原命题，改证逆否命题这一逻辑思维方面来说，逆否律是间接证法的理论依据之一。

互逆的两个命题未必等价。但是，当一个命题的条件和结论都唯一存在，它们所指的概念的外延完全相同，是同一概念时，这个命题和它的逆命题等价。这一性质通常称为同一原理或同一法则。例如，"等腰三角形底边上的中线是底边上的高线"是一个真命题，这个命题的条件"底边上的中线"有一条且只有一条，结论"底边上的高线"也是有一条且只有一条。这就是说，命题的条件和结论都唯一存在。由于这个命题为真，所以命题的条件和结论所指概念的外延完全相同，是同一概念。因此，这个命题的逆命题"等腰三角形底边上的高线是底边上的中线"也必然为真。同一原理是间接证法之一的同一法的逻辑根据。对于符合同一原理的两个互逆命题，在判定其真假时，只要判定其中的一个就可以了。在实际判定时，自然要选择易判定的那个命题。

（三）数学命题的教学

1. 注重过程

注重过程有两层含义，一是注重命题产生的过程；二是注重命题证明的过程。

（1）注重命题产生的过程

追溯命题产生的过程，就是寻求命题生长的根，从逻辑关系看，也就是溯源命题的逻辑起点。一般说来，这个逻辑起点是先于命题产生的、学习者已经习得的知识。显然，引导学生去经历知识产生的过程，也就是要使他们厘清知识之间的关系，为形成命题域和命题系建立认识基础。

（2）注重命题证明的过程

命题证明涉及三个重要资源，其一，一个命题的证明要以某些已经证明为真的命题为基础，也就是说待证明的命题与原有命题之间存在某种内在的数学抽象关系。其二，一个命题的证明要用到某种解决问题的策略和方法。其三，证明命题的过程中隐含着形式逻辑规则。正是这三种资源，彰显出命题证明过程对学习者形成命题域和命题系中的独特作用。事实上，一个命题的证明可能以一组命题作为基础，也可能以另一组命题作为基础，这就使得在命题的证明中可能与多个命题产生联系。另一方面，证明一个命题还可能用到多种方法，这也是个体形成命题域和命题系所需要的积淀。

显然，展示对一个命题的多种证明途径是充分挖掘这三种资源的有效方法，这也是我们强调注重命题证明过程的要义所在。

值得强调的是，从数学学习角度看，有些命题的证明价值高于它的发现价值。张奠宙教授以勾股定理为例说明了这一点，他提出："这一定理的发现并不重要，重要的是它的证明和使用价值。其实，可以换个方向思考：把勾股定理直接写出来，配以历史图片、文化价值；巴比伦的勾股数；费马定理和外星人通信等故事。把重点放在反思教学：如何证明？它为什么重要？如何运用？把探究过程放在后面。此时，可以比较中国用面积的出入相补方法，赵爽的代数证法，《几何原本》的几何证法等。"①

2. 注意变式

变式教学是我国教师经常采用的一种方法，顾泠沅教授系统地分析了变式教学的含义，他认为变式教学包括两种类型：概念性变式和过程性变式。所谓"概念变式"是指"在教学中用不同形式的直观材料或事例说明事物的本质属性，或变换事物的非本质属性特征以突出事物的本质特征，目的在于使学生理解哪些是事物的本质特征，哪些是事物的非本质特征，从而对事物形成科学概念"。具体地说，概念变式有几种表现形式：①通过日常生活中的直观材料组织已有的感性经验，使学生理解概念的具体含义；②利用不同的图形变式作为直观材料和抽象概念之间的过渡，帮助学生把已有的感性经验上升为抽象水平，理解概念图形的基本特征，进而把握概念的外延空间；③非概念变式，即通过对超出概念外延的实例的认识去突出概念的内涵。

过程性变式是针对程序性知识的教学而言的。在概念形成方面，要使学生知道概念产生的缘由，体验知识形成的过程；在问题解决方面，注重对问题化归过程（变式）的解析。简而言之，在概念形成的过程中，过程性变式反映了概念形成的逻辑过程、历史过程和心理过程，从而使学生的学习可循序渐进地进行。在问题解决过程中，过程性变式既可以表现为一系列用于铺垫的命题或概念，也可以表现为某种活动的策略或经验从而使学生的问题解决活动具有多个层次或者多种途径。在形成认知结构的过程中，过程性变式创造了一个多层次的经验和策略系统；这样，片面的、零散的经验活动就构成一个有机整体。

我们认为，变式是过程和结果的统一。从变式的对象看，包括概念变式、命题变式（问题变式），变式前与变式后均以结果表征，而两个结果之间的化归则表现为一种过程。变式的本质，是使学习者在头脑中建构某一概念的概念域和概念系，建构某一命题的命题域和命题系。事实上，变式可以分为"等价变式"和"不等价变式"两种类型。等价变式指变式前后的问题其本质是相同的，即变化只发生在表面的形式方面，本质特征并没有改变。不等价变式指变式前后的问题不仅在形式上而且在本质方面都发生了变化，但两个问题之间存在某种具体的数学抽象关系。对概念和

---

① 张奠宙.中国数学双基教学［M］.上海：上海教育出版社，2006.

命题来说，等价变式就是促成学习者形成概念域和命题域的有效策略，不等价变式则是促成学习者形成概念系和命题系的重要策略。

3. 形成命题体系

构架命题体系是个体形成命题域和命题系的前提。一般而言，可以从陈述性知识层面构架命题网络，也可以从程序性知识层面构架命题网络。

（1）命题的陈述性知识网络

作为一个事实、结果，数学命题是陈述性知识，是一种静态的知识。将一组有内在联系的命题按等价关系、强抽象关系、弱抽象关系和广义抽象关系进行梳理，就建立了该组命题的陈述性知识网络这种陈述性知识网络的功能在于使知识的发生、发展脉络清晰展现，显现知识的层次性和内在结构的统一性。需要强调的是，"数"与"形"的对应是数学的特性，在建立网络的时候，除了反映"数"还应反映"形"，既有"数"的网络又有"形"的网络。

事实上，外部知识的内化就是个体对知识的表征。陈述性知识的表征是图式，包括命题网络、表象表征和线性序列。与此对应，外在的命题网络（客观知识）对应内在的命题网络（主观知识）；外在的图形结构对应内在的表象表征，而内在的东西依靠外在信息的转化和个体内部的建构。教师的教学设计就是要为学生构建一种外部情境，以促进他们对知识的建构。

（2）例题的程序性知识网络

作为知识的应用，数学命题就成为程序性知识，表现出一种动态性。

程序性知识的表征是构建产生式系统，对数学知识来说，构建重叠的产生式尤为重要。要实现这种内在心理的过程，建立外部命题的程序性知识网络是必要的。所谓命题的程序性知识网络，就是围绕一个共同的"原因"或"结果"，建立产生这个原因的结果体系或建立产生这个果的原因体系，也就是多条产生式的结果相同而原因不同或者多条产生式的原因相同而结果不同，我们称多条产生式的结果相同而原因不同的产生式系统为结果重叠产生式系统；多条产生式的原因相同而结果不同的产生式系统为原因重叠产生式系统。

4. 加强命题应用

命题应用是指利用命题去解决相关的数学问题。命题应用的数量与质量是形成命题域和命题系的关键环节，反之，形成良好的命题域和命题系又能促进学习者解决问题能力的发展。

在命题应用的教学设计中，首先应当精选问题，以问题为桥梁沟通命题之间的联系。教学中经常会出现这样的现象：教师反复强调知识之间的联系，但学生还是很难在头脑中建立知识体系，对知识的组织是零散的、割裂的。造成这种现象的一个主要原因就是知识应用的数量不足、强度不够或知识应用的质量不高。解决这一问题的一个有效途径就是精选例题和习题，通过命题的应用加深学生对命题之间关系的理解，建立命题之间稳固的联系。

三、推理教学

（一）形式逻辑的基本规律

形式逻辑思维规律是人们在长期反复实践中总结提炼出来的。在公元前 4 世纪，古希腊大哲学家亚里士多德就发现了正确思维必须遵守的三个规律：同一律、矛盾律和排中律。在 17 世纪末，德国的衍学家和数学家莱布尼茨又补充了一个充足理由律。这四个规律是客观事物的现象之间相对稳定性在思维中的反映，是逻辑思维的基本规律，它是保证人们正确认识客观世界和正确表达思维的必要条件。正确的思维应该是确定的、无矛盾的、前后一贯的、论据充足的。因此，数学中的推理和论证必须遵守逻辑思维的基本规律。

1.同一律

同一律是指在同一个思维（论证）过程中，概念和判断必须保持同一性，亦即确定性。用公式表示：A 是 A（A 表示概念或判断）。

从表面形式上看，"A 是 A"好像是枯燥无味的简单的同语反复。其实不然。同一律有两点具体的要求：一是思维对象要保持同一，所考察的对象必须确定，要始终如一，中途不能变更；二是表示同一对象的概念要保持同一，要以同一概念表示同一思维对象，不能用不同的概念表示同一对象，也不能把不同的对象混同起来用同一个概念来表示。

如果违背了同一律的要求，那就会破坏思维的一贯性，造成思维混乱。在同一个推理、证明的过程中，就会犯"偷换概念""偷换论题"等逻辑错误。

例如，有的学生证明"四边形内角和等于 360°"是这样进行的：因为矩形的内角和等于 360°，矩形是四边形，所以四边形内角和等于 360°。这个学生在证明过程中，用特殊的四边形取代了论题中的一般四边形,因此犯了"偷换论题"的逻辑错误。

2. 矛盾律

矛盾律是指在同一思维（论证）过程中，对同一对象所做的两个互相对立或矛盾的判断不能同真，至少必有一假。也就是说对于同一个思维对象不能既肯定它是 A 又否定它不是 A。用公式表示为：A 不是 −1A（−1A 读作非 A）。

例如，如果我们对实数 $\sqrt{3}$ 作出相互矛盾的两个判断："$\sqrt{3}$ 是无理数""$\sqrt{3}$ 不是无理数"那么根据矛盾律，它们不能同真，必有一假。也就说，不能既肯定 $\sqrt{3}$ 是无理数，又否定 $\sqrt{3}$ 是无理数。又如，"数 a 小于数 b" 和 "数 a 大于数 b" 的两个对立的判断也不能同真，至少必有一假。

矛盾律是用否定的形式来表达同一律的思想内容的，它是同一律的引申，同一律说 A 是矛盾律要求思维首尾一贯，不能自相矛盾，实际上也是思维确定性的一种表现。因此，矛盾律是从否定方面肯定同一律的。

违背矛盾律要求的逻辑错误在于，在同一个思维过程中，把 A 与 A 同时肯定了下来，因而造成了自相矛盾的困境。如众所周知的一个例子：那个卖矛和盾的楚人所说的"任何东西都不能穿过我的坚实的盾""我的锐利的矛能穿过任何东西"，是互相矛盾的两个判断。这位楚人不能自圆其说，是自己打自己的嘴巴，违背了矛盾律的要求。

还需要指出的是，矛盾律中所谓的矛盾是指思维过程中的思维混乱，即同时断定 A 与 −1A 都真。对这种逻辑矛盾，矛盾律要加以排除。但矛盾律并不把辩证矛盾排除在一切思维之外，更不否认世界固有的矛盾。

3. 排中律

排中律是指在同一思维（论证）过程中，对同一个对象所做的两个互相矛盾的判断，不能同假，必有一真。也就是说，对于同一个思维对象，必须做出明确的肯定或否定，不能既不是 A 又不是 −1A，A 和 −1A 二者必居其一，且仅居其一，用公式表示为：A 或 −1A。

想例如，"△ABC 是直角三角形" 和 "△ABC 不是直角三角形" 是对 △ABC 做出的两个互相矛盾的判断，二者之中不能同假，必有一真，二者必居其一，没有第三种可能。也就是说，对于 △ABC 要做出直角三角形的肯定或否定的回答。

"排中"就是排除第三者，A 或 −1A，二者必居其一，排中律要求人们的思维要有明确性，不能含糊不清，不能模棱两可。

违背排中律要求的逻辑错误在于，同时否定了 −1A 又否定了 A，例如，楚人既夸口矛又夸口盾，当别人反问他"用你的矛穿你的盾如何"时，他既不能说："我的矛能穿过我的盾"，又不能说"我的矛不能穿过我的盾"，这就表示他否定了 A 又否定了 –1A，从逻辑上说，违背了排中律就要犯模棱两可的逻辑错误。

排中律是反证法的逻辑基础。当直接证明某一判断的正确性有困难时，根据排中律，只要证明这一判断的矛盾判断是假的就可以了。例如，要证明 $\sqrt{2}$ 不是有理数有困难时，只要证明 n 是有理数为假就可以了。

和矛盾律一样，排中律只是抽象思维中的逻辑规律，不是客观存在的基本规律。排中律只是排除思维中的逻辑矛盾，并不否定客观事物自身的矛盾。

同一律、矛盾律、排中律三者之间的联系是：三者是从不同的角度去陈述思维的确定性的，排中律是同一律和矛盾律的补充和深入，排中律和矛盾律都不允许有逻辑矛盾，违背了排中律就必然违背矛盾律。

同一律、矛盾律、排中律三者之间的区别是：同一律要求思维保持确定、同一，而没有揭示思维的相互对立或矛盾的问题。矛盾律是同一律的引申和发展，它指明了正确的思维不仅要求确定，而且不能互相矛盾或对立。即指出对于同一个思维对象所做的两个互相矛盾或对立的判断，只要承认不能同真，至少必有一假即可，并不要求做出肯定或否定的表示。排中律又比矛盾律更深入一层，明确指出正确的思维不仅要求确定、不互相矛盾，而且应该明确地表示出肯定或否定，指出对于同一个思维对象所做的两个"肯定判断"和"否定判断"，不能同假，必有一真，要么"肯定判断"真，要么"否定判断"真，二者必居其一。

4. 充足理由律

充足理由律是指在思维（论证）过程中，对于任何一个真实的判断，都必须有充足的根据（理由）。也就是说，正确的判断必须有充足的理由。可表示为：因为有 A，所以有 B，即由 A 一定能推出 B，其中 A 和 B 都表示一个或几个判断，A 称为 B 的理由，B 称为 A 的结论推断。例如，三组对应边成比例，两组对应角相等、两组对应边成比例且夹角相等都是两个三角形相似的充足理由。

充足的理由必须具备真实性、完备性、相关性，否则就不是充足理由，例如，

设 $a=b(b \neq 0)$，

则等式两边同乘以 a，得 $a^2=ab$。

两边同减去 b^2，得 $a^2-b^2=ab-b^2$

两边因式分解，得 $(a+b)(a-b)=b(a-b)$

两边同除以（$a-b$），得 a+b=b

以 b 代 a，得 $2b=b$，

两边同除以 b，得 2=1。

显然，所得结论是错误的。错误的原因在于用（$a-b$）除以等式两边，因为 $a=b$，$a-b=0$，用零做除数是不允许的，也就是理由不真实。

又如，"对角线互相平分的四边形是菱形"这个结论是不正确的。因为"对角线互相平分"不是"四边形是菱形"的充足理由，还缺少"对角线垂直"这个理由。

充足理由律要求理由和结论之间必须具有本质的联系，理由是结论的充分条件，结论是理由的必要条件，相关性就是指理由与结论间必须具有本质的内在联系。有时，一些错误的结论，表面上虽然具有"因为……所以……"的形式，但实质上"理由"和"结论"之间却是毫不相关的。例如，"因为方程 $x^2-(\sqrt{2}-2)x+\sqrt{2}=0$ 有两个不相等的实数根，所以 2 是无理数。"

理由"方程 $x^2-(\sqrt{2}-2)x+\sqrt{2}=0$ 有两个不相等的实数根"和"结论是无理数"就毫不相关，因而违背了充足理由律。在推理论证中如果违背了充足理由律，那么往往要犯"虚构理由""无中生有""武断"等逻辑错误。

充足理由律和同一律、矛盾律、排中律也有着密切的联系同一律、矛盾律、排中律是保证概念或判断在同一论证过程中的确定性、无矛盾性和明确性（明确性是指对两个相互矛盾的概念或判断要明确地表示出肯定还是否定），充足理由律是保证判断之间的内在联系的合理性。因此，在同一思维（论证）过程中，如果违背了同一律、矛盾律、排中律，那么必然导致违背充足理由律。

（二）数学推理

1. 推理

推理是从一个或几个已知的判断做出一新判断的思维形式。

例如：

（1）角平分线上任一点到这个角两边的距离相等，因此，到角两边的距离不等的点不在这个角的平分线上。

（2）矩形的对角线平分且相等，正方形是矩形，所以正方形的对角线平分且相等。

以上两例都是数学推理。推理在实践中有两个方面的作用。一是帮助人们从已

知的知识推出新的知识；二是证明的工具。

2. 推理的结构

任何推理都是由前提和结论两部分组成的。前提是在推理过程中所依据的已有判断，它告诉人们已知的知识是什么。推理的前提可以是一个，也可以是几个。（1）中有一个前提"角平分线上任一点到这个角两边的距离相等"。（2）中有两个前提"矩形的对角线平分且相等""正方形是矩形"结论是根据前提所作出的判断，它告诉人们推出的知识是什么。（1）中的结论是"到角两边的距离不等的点不在这个角的平分线上"。（2）中的结论是"正方形的对角线平分且相等"。

推理有内容方面的问题，也有形式方面的问题，前者就是前提和结论的真假性，后者就是推理的结构问题。形式逻辑不研究、也不能解决推理内容方面的问题，即不能解决推理的前提和结论的真假性。形式逻辑只研究推理形式，指出哪些推理是正确的，哪些推理是不正确的。因此，逻辑思维对推理的要求是：推理要合乎逻辑。所谓推理合乎逻辑，就是指在进行推理时要和平推理形式，遵守推理规则。

3. 推理的形式

由于划分的标准不同，推理可以分成许多种类。数学中常用的推理有演绎推理、归纳推理和类比推理。

（1）演绎推理

又叫演绎法，它是由一般到特殊的推理，也就是由一般原理推出特殊场合知识的思维形式。演绎推理的前提和结论之间有着必然的联系，只要前提是真的，推理合乎逻辑，得到的结论就一定正确。因此，演绎推理可以作为数学中严格证明的工具。

演绎推理的形式多种多样，数学中运用最普遍的有"三段论"推理，还有联言推理、选言推理和关系推理。

在演绎推理中，三段论推理是由两个前提（大前提、小前提）推出一个结论的思维形式称为三段论推理，又称三段论法。

大前提是指一般性事物，如已知的公理、定理、定义、性质等，它是反映一般原理的判断。小前提是指有一般性事物特征的特殊事物，它是反映个别对象与大前提有关系的判断。结论是由两个前提推出的判断。

（2）归纳推理

归纳推理又叫归纳法，它是由个别、特殊到一般的推理。

根据研究的对象所涉及的范围，归纳推理可分为完全归纳推理和不完全归纳推理。

完全归纳推理是通过对某类事物中每一个对象情况或每一个子类的情况的研究，而概括出关于该类事物的一般性结论的推理、完全归纳推理有两种相似的推理形式：

a^1 具有性质 F

a^2 具有性质 F；

……

a^n 具有性质 F

（$\{a^1,\ a^2,\ a^n\}=A$）

A 类事物具有性质 F。

A1 具有性质 F；

A2 具有性质 F；

……

An 具有性质 F；

（A1 ∪ A2 ∪…An=A）

A 类事物具有性质 F。

以上两种完全归纳推理形式其实质是一样的，前者是后者的特例，后者是前者的推广。

完全归纳推理考查了某类事物的每一个对象或每一个子类的情况，因而由正确的前提必然能得到正确的结论。所以完全归纳推理可以作为数学中严格证明的工具，在数学解题中有着广泛的应用。用完全归纳推理时要注意前提的范围不要重复，也不要遗漏，即前提范围的总和等于结论范围的总和。

不完全归纳推理是通过对某类事物中的一部分对象或一部分子类的考查，而概括出该类事物的一般性结论的推理，不完全归纳推理也有两种推理形式。

a^1 具有性质 F

a^2 具有性质 F；

……

a^n 具有性质 F

（$\{a^1,\ a^2,\ a^n\} \subset A$）

A 类事物具有性质 F。

A1 具有性质 F；

A2 具有性质 F；

……

An 具有性质 F；

$\underline{（A1 \cup A2 \cup \cdots An \subset A）}$

A 类事物具有性质 F。

不完全归纳推理仅对某类事物中的一部分对象进行考查，因此，前提和结论之间未必有必然的联系。由不完全归纳推理得到的结论，只有或然的性质，结论不一定正确。结论的正确与否，还需要经过严格的逻辑论证和实践的检验。例如，代数式 n^2+n+14，当时 $n=1$，2，3，…，39，代数式的值都是质数。如果用不完全归纳推理，得出结论"当 n 为任意自然数时，代数式 n^2+n+41 的值都是质数"。那么这个结论就不正确。事实上，当 $n=40$ 时，$n^2+n+41=40^2+40+41=1681=41^2$ 是一个合数。

不完全归纳推理的可靠性虽然有疑问，但在科学研究和数学教学中，其积极作用还是很大的。通过不完全归纳推理得到的猜想，可以启发人们更深入地进行思考，提供研究问题的线索，帮助人们发现问题和提出问题。例如，哥德巴赫猜想是从"4=2+2，6=3+3，8=3+5，10=3+7，12=5+7，14=3+11，…"用不完全归纳推理推测："任何大于 2 的偶数都可以表示为两个素数的和"。这是一个需要证明的数学命题。

归纳推理和演绎推理既有区别又有联系。可从两方面看它们之间的关系：第一，演绎以归纳为基础，归纳为演绎准备条件。从演绎的前提看，最初的前提是数学公理，这些公理是人们经过长期反复实践归纳得来的。从演绎所得到的结论看，这些结论都还需要经过实践检验，并且在实践中又归纳出新的结论加以补充和发展。第二，归纳以演绎为指导，演绎给归纳提供理论根据。归纳和演绎是互相渗透、互相联系、互相补充的，是辩证的统一。在实践中，通常总是把两种推理结合使用，由归纳获得猜想假定，通过鉴别猜想假定的真伪，去掉其不正确部分，保留有研究价值的部分，直接获得确定结果后，再给予演绎证明。

（3）类比推理

类比推理是由特殊到特殊的推理。它是根据两个事物（或两类事物）的某些相同属性，推出它们还有其他相同属性的推理。

类比推理又称类比法,它的推理形式比较简单,在数学中有着广泛的应用。例如,数与式之间,平面与空间之间,有不少定理、法则常常是先用类比法引入,而后再加以严格证明的。如讲分式的基本性质和四则运算法则时,往往是由分数的基本性质和四则运算法则来引入;立体几何中有许多命题,也都可以用类比推理从平面几何中的相应命题来建立。

应当注意的是,类比推理所引出的结论并不一定真实。例如,由"若 $a=b$,则 $ac=bc$"用类比法可以得到"$a>b$,则 $ac>bc$",而这结论却不一定是正确的。因为只有当 $c>0$ 时,才能由 $a>b$,得 $ac>bc$。因此,类比推理所得的结论只有一定程度的可靠性。一般来说,如果两类事物共有的性质越多,那么推出的结论的可靠程度就越大。

用类比推理得到的结论,虽然不一定真实,但在人们的认识活动中仍有它的积极意义。科学上有些重要的假说,是通过类比推理得出来的;数学中有不少重大的发现是由类比推理先提供线索的;生产科技中的许多发明创造,也是通过类比推理而受到启发的。因此,类比推理仍不失为一种获取新知识的工具。

第四节　数学思想方法的教学

一、数学思想方法的认识

(一)数学思想方法是中学数学的一项基础知识

学习数学不仅要学习它的知识内容,而且要学习它的精神、思想和方法。掌握基本数学思想方法能使数学更易于理解与记忆,领会数学思想方法是通向迁移大道的"光明之路"。把数学思想方法纳入基础知识的教学范围,体现了我国"双基"教学的与时俱进,体现了数学教学从初级水平向高级水平的迈进,必将对素质教育的贯彻和数学素质的提高产生积极的影响。

(二)数学思想方法的内涵

数学思想方法是对数学知识内容及其所使用的方法的本质认识,它蕴含于具体的内容与方法之中，又经过了提炼与概括，成为理性认识。它直接支配数学教学的实践活动，数学概念的掌握、数学理论的建立、解题方法的运用、具体问题的解决，无一不是数学思想方法的体现和应用。在中学教学阶段，往往不对"数学思想方法"与"数学思想""数学方法作严格的理论区分。思想是其相应内容方法的精神实质，方法则是实现有关思想的策略方式（有数学方法是数学思想的程序化之说）。同一个数学成就，当人们用于解决问题时，称之为方法；当人们评价其在数学体系中的价值和意义时，又称之为思想；当人们用这种思想去观察和思考问题时，则又称之为观点。例如"极限"，用它去求导数、求积分、解方程时，人们就说极限方法；当人们讨论其自身价值，即将变化过程趋势用数值加以表示，使无限向有限转化时，人们就说极限思想。为了表达这两重意思，于是称为"极限思想方法"。一般说来，当用"数学思想"这个词时，更多的是从知识内容的角度上说的，它体现为数学的理论；当用"数学方法"这个词时，更多的是从实施策略的角度上说的，它联系着数学的行为。

从中学数学教材的结构和数学学习的一般过程上看，中学数学中，除了包含有观察、实验、比较、分析、归纳、类比等一般科学方法，还包含有符号化、公理化、模型化、结构化、化归、数形结合等数学特有的思想方法（第一层次），包含有分布在各数学分支中具体的数学思想方法（第二层次），如集合与对应的思想方法、函数与方程的思想方法、抽样统计的思想方法、变换群划分几何学的思想方法、极限思想方法、逐次逼近的思想方法等。在这些具体的数学思想方法下面还涵盖有具体进行解题的方法（第三层次）。包括：①适应面较广的求解方法，如消元法、换元法、降次法、待定系数法、反证法、同一法、数学归纳法（及递推法）、坐标法、三角法、数形结合法、构造法、配方法等；②适应面较窄的求解技巧，如因式分解法以及因式分解中的"裂项法"，函数作图中的"描点法"以及三角函数作图中的"五点法"，几何证明中的"截长补短"法、"补形法"，数列求和中的"拆项相消法"等。

二、中学数学中的基本数学思想方法

关于中学数学中到底体现有哪些数学思想方法的认识是不一致的，但认为比较基本、比较重要的数学思想方法通常都包括如下六种。

（一）用字母表示数的思想方法

这是发展符号意识，进行量化刻画的基础，也是从常量研究过渡到变量研究的基础。从"用字母表示数"到用字母表示未知元、表示待定系数、表示函数 $y=f(x)$、表示字母变换等，是一整套的代数方法代数思维的突出特征（凝聚）——从过程到对象，离不开用字母表示数的思想方法。具体解题中引进辅助元法、待定系数法、换元法等都体现了"用字母表示数"的作用。

（二）集合与对应的思想方法

集合论是现代数学的基础，它为数学的公理化、结构化、形式化、统一化提供了语言基础与组织方式，中学数学中，集合是一种基本数学语言和一种基本数学工具，数学名词的描述（包括内涵、外延的表示），数学关系的表达，都已经或都可以借助集合而获得清晰、准确和一致的刻画。比如，用集合表示数系或代数式，用集合表示空间的线面及其关系用集合表示平面轨迹及其关系，用集合表示方程（组）或不等式（组）的解，用集合表示排列组合并进行组合计数；用集合表示基本逻辑关系与推理格式等。具体解题中的分类讨论法、容斥原理都与集合的分拆或交并运算有关。集合之间的对应，则为研究相依关系运动变化提供了工具，使得能方便地由一种状态确定地刻画另一种状态，由研究状态过渡到研究变化过程。数轴与坐标系的建立、函数概念的描述、原理的精神实质等，都体现着集合之间的对应。具体解题中的抽屉原理无非是说，两个有限集合之间如果元素不相等，就不能构成一一对应，必然存在一对多或多对一。

可以认为，用字母表示数的思想方法、集合与对应的思想方法是中学数学的两大基石。函数与方程的思想方法则是这两大基石的衍生。

（三）函数与方程的思想方法

方程是初中数学的一项主体内容，并在高中数学中延续；函数从初中就开始研究，并成为高中数学的主体内容（基本初等函数）。可以说，函数与方程是中学数学中最重要的组成部分。

方程 $f(x)=g(x)$，可以表示两个不同事物具有相同的数量关系，也可以表示同一事物具有不同的表达方式。方程的本质是含有未知量等式 $f(x)=g(x)$ 所提出的问题，在这个问题中，x 依等式而取值，问题依 x 的取值而决定是否成为等式。解方程就是确定取值 a，使代入 x 的位置时能使等式 $f(a)=g(a)$ 为真。这里有两个最基本的矛盾统一关系，其一是 $f(x) \cdot g(x)$ 间形式与内容的矛盾统一，其二是 x 客观上已知与主观上未知的矛盾统一。从这一意义上说，解方程就是改变 $f(x) \cdot g(x)$ 间形式的差异以取得内容上的统一，并使 x 从主观上的未知转化为已知。

运用方程观点可以解决大量的应用问题（建模）、求值问题、曲线方程的确定及其位置关系的讨论等问题，函数的许多性质也可以通过方程来研究。函数概念是客观事物运动变化和相依关系在数学上的反映，本质上是集合间的对应（一种特殊的对应）。它是中学数学从常量到变量的一个认识上的飞跃。教材中关于式、方程、不等式、排列组合、数列等重要内容都可以通过函数来表达、沟通与研究。具体解题中的构造函数法是构造法的重要内容。理解并掌握函数与方程的思想方法是学好中学数学的一个关键。

（四）数形结合的思想方法

数学是研究空间形式和数量关系的一门科学数与形是中学数学中被研究得最多的两个侧面，数形结合是一种极富数学特点的信息转换。它把代数方法与几何方法中的精华都集中了起来，既发挥代数方法的一般性、解题过程的程序化、机械化优势，又发挥几何方法的形象直观特征，形成一柄双刃的解题利剑，数轴和坐标系，函数及其图像，曲线及其方程，复数及其复平面，向量，以及坐标法、三角法、构造图形法等都是数形结合的辉煌成果。具体解题中的数形结合，是指对问题既进行几何直观的呈现又进行代数抽象的揭示，两方面相辅相成，而不是简单的代数问题用几何方法或几何问题用代数方法。这两方面都只是单流向的信息沟通，唯双流向的信息沟通才是完整的数形结合。

（五）数学模型的思想方法

数学这个领域已被称作模式的科学，数学所揭示的是人们从自然界和数学本身的抽象世界中所观察到的数学结构。各种数学概念和各个数学命题都具有超越特殊对象的普遍意义，它们都是一种模式。并且数学的问题和方法也是一种模式，数学思维方法就是一些思维模式。如果把数学理解为由概念、命题、问题和方法等多种成分组成的复合体，那么掌握模式的思想就有助于领悟数学的本质。在中学数学教学中，常称"模式"为"数学模型"，它不同于具体的模型。欧拉将"哥尼斯堡七桥问题"抽象为"一笔画"的讨论，清晰地展示了数学模型思想方法的应用过程：①选择有意义的实际问题；②把实际问题"构建"成数学模型（建模）；③寻找适当的数学，具解决问题；④把数学上的结论拿到实际中去应用、检验。其中，"建模"是这种方法的关键。在具体解题中，构造"数学模型"的途径是非常宽广的，可以构造函数构造方程、构造恒等式、构造图形、构造算法等。

（六）转换化归的思想方法

由于数学结论呈现的公理化结构，使得数学上任何一个正确的结论都可以按照需要与可能而成为推断其他结论的依据，于是任何一个待解决的问题只需通过某种转化过程，归结到一类已经解决或比较容易解决的问题，即可获得原问题的解决，这是一种极具数学特征的思想方法。它表现为由未知转化为已知、由复杂转化为简单、由困难转化为容易、由陌生转化为熟悉。

模式识别、分类讨论、消元、降次等策略或方法，都明显体现了将所面临的问题划归为已解决问题的思想；RMI 原理则是化归思想的理论提炼；各种解题策略的运用（分合并用、进退互化、动静转换、数形结合等），都强调了通过"对立面"（简与繁、进与退、数与形、生与熟、正与反、倒与顺、分与合）的综合与相互转化来达到解决问题的目的。

三、中学数学基本思想方法教学原则

中学数学基本思想方法教学应遵循以下五条基本原则。

（一）目标性原则

既然数学思想方法被纳入数学基础知识的范畴，那么数学课堂教学应该有数学思想方法的教学目标，否则，数学思想方法的教学就得不到应有的保障，在数学课堂教学中亦无法落实。遵循数学思想方法教学的目标性原则，首先，要明晰教材中所有数学思想方法。其次，对某些重要的数学思想方法进行分解、细化，使之明朗化，具有层次性。如，了解某种数学思想方法的含义及价值为第一层次；掌握某种数学思想方法的初步应用为第二层次；会应用该种数学思想方法指导思维活动，解决某些具体的数学问题为第三层次。最后，在具体的每一节课的教学中，数学思想方法教学目标应与课堂教学结构的各个重要环节相匹配，形成知识目标与思想方法目标的有机整合，使之具有可操作性。

（二）渗透性原则

数学思想方法教学依附于数学知识的教学，但又不同于数学知识教学。在数学思想方法教学中，应以数学知识为载体，挖掘教材中蕴含的数学思想方法，进行恰当的、适时的"渗透性"教学。遵循渗透性教学原则需做到以下两点。

1. 挖掘渗透内容

虽然数学思想方法纳入数学基础知识范畴，但数学思想方法是数学知识的精髓，它内隐于数学知识之中，需要从数学知识中挖掘、提炼。比如，在初一新学期开始的第一课，可以有目的地向学生渗透分类的数学思想方法：

"新教材共分上、下两册，上册分为四章，下册又分为三章，每章都有若干节……"，使学生刚接触到教材就受到分类思想的熏陶；又在寻找各种具体的有理数运算结果的规律中，渗透归纳、抽象概括的思想方法；在"两个相反数相加得零"写在"异号两数相加"的法则里，渗透特殊与一般的思想方法；有理数的大小比较借助于绝对值的概念转化为算术数的大小比较、有理数的减法。

（除法）运算借助于相反数（倒数）概念转化为加法（乘法）运算等多处渗透化归的数学思想方法。教师只有认真钻研教材，才能正确地挖掘出课本知识中所蕴含的数学思想方法，这是课堂教学中渗透数学思想方法的前提。

2. 把握渗透的方法

由于学生数学思想方法的形成和发展比数学知识的增长和积累需要更长的时间，花费更大的精力。因此，在教学中，有机地结合数学表层知识的传授，恰当地渗透其中的数学思想方法，让学生在"数学知识的再发现"过程中享受"创造"或"发现"的愉悦孕育数学发现的精神品质，这才是成功的渗透方法。

（三）层次性原则

数学思想方法的形成难于知识的理解和掌握，数学思想方法教学应与知识、教学、学生认知水平相适应，数学思想方法教学应螺旋式上升，并遵循阶梯式的层次结构。

（四）概括性原则

所谓概括就是将蕴含于数学知识体系中的思想方法归纳、提炼出来。在教学中，遵循概括性原则，将统摄知识的数学思想方法适时地概括出来，可以加强学生对数学思想方法的运用意识，也使其对运用数学思想方法解决问题的具体操作方式有更深入的了解，有利于活化所学知识，形成独立分析问题、解决问题的能力。

（五）实践性原则

学生数学思想方法的发展水平最终取决于自身参与数学活动的过程。数学思想方法教学既源于知识教学又高于知识教学。知识教学是认知结果的教学，是重记忆理解的静态型的教学，学生无独立思维活动过程，具有鲜明的个性特征的数学思想方法也就无法形成。因此，遵循实践性原则，就是在实际教学中，教师要特别注重营造教学氛围，要给学生提供思想活动的素材、时机，悉心引导学生积极主动地参与到数学知识的发生过程中，在亲自实践的活动中接受熏陶，不断提炼思想方法、活化思想方法，形成用思想方法指导思维活动，探索问题解答策略的良好习惯。数学思想方法也只有在需要该种思想方法的教学活动中才能形成。

四、中学数学思想方法教学的基本途径

（一）在知识发生过程中渗透数学思想方法

1. 不简单下定义

数学概念既是数学思维的基础，又是数学思维的结果。所以，概念教学不应简单给出定义，应当引导学生感受或领悟隐含于概念形成之中的数学思想。比如负数概念的教学，初一教材借助于温度计给出描述性定义，学生对负数概念往往难以透彻理解。若设计一个揭示概念与新问题间矛盾的实例，使学生感到"负数"产生的合理性和必要性，领悟其中的数学符号化思想的价值，则无疑有益于激发学生探究概念的兴趣，从而更深刻、全面地理解概念。在演示温度计时可以提出这样一个问题：今年冬季某天北京白天的最高气温是零上 10℃，夜晚的最低气温是零下 5℃，问这一天的最高气温比最低气温高多少度。学生知道应该通过实施减法来求出问题的答案，但是，在具体列算式时遇到了困惑：是"10℃ -5℃吗？不对，是"零上 10℃ -零下 5℃"吗？似乎对，但又无法进行运算。于是，一个关于"负数"及其表示的思

考由此而展开了。再通过现实生活中大童表示相反意义的量，抽象概括出相反意义的童可用数学符号"+"与"-"来表示，从而解决了实际生活和数学中的一系列运算问题，教学也达到了知识与思想协调发展的目的。

2. 定理公式教学中不过早给结论

数学定理、公式、法则等结论都是具体的判断，而判断则可视为压缩了的知识链。教学中要恰当地拉长这一知识链，引导学生参与结论的探索、发现、推导的过程，弄清每个结论的因果关系，探讨它与其他知识的关系，领悟引导思维活动的数学思想。例如有理数加法法则的教学，我们通过设计若干问题，有意识地渗透或再现一些重要的数学思想方法。在讨论两个有理数相加有多少种可能的情形中，渗透分类思想；在寻找各种具体的有理数运算的结果的规律中，渗透归纳、抽象概括思想；在"两个相反数相加得零"写在"异号两数相加"的法则里渗透特殊与一般思想。

（二）在思维教学活动过程中，揭示数学思想方法

数学课堂教学必须充分暴露思维过程，让学生参与教学实践活动，揭示其中隐含的数学思想，才能有效地发展学生的数学思想，提高学生的数学素养，下面以"多边形内角和定理"的课堂教学为例简要说明。

教学目标：增强运用化归思想处理多边形问题的一般策略；掌握运用类比、归纳、猜想思想指导思维，发现多边形内角和定理的结论；学会用化归思想指导探索论证途径，掌握化归方法；加强数形结合思想的应用意识。

教学过程：

（1）创设问题情境，激发探索欲望，蕴涵类比化归思想。教师可以提出以下问题：三角形和四边形的内角和分别为多少？四边形内角和是如何探求的？

（转化为三角形）那么，五边形内角和你会探求吗？六边形、七边形 n 边形内角和又是多少呢？

（2）鼓励大胆猜想，指导发现方法，渗透类比、归纳、猜想思想。教师可以提出以下问题：四边形内角和的探求方法，能给你什么启发呢？五边形如何划归为三角形？数目是多少？六边形、n 边形呢？你能否用列表的方式给出多边形内角和与它们边数、划归为三角形的个数之间的关系？从中你能发现什么规律？猜一猜 n 边形内角和有何结论？类比、归纳、猜想的含义和作用，你能理解和认识吗？

（3）暴露思维过程、探索论证方法，揭示化归思想、分类方法。教师可以提出

以下问题：我们如何验证或推断上面猜想的结论呢？既然多边形内角和可划归为三角形来处理，那么化归方法是否唯一呢？一点与多边形的位置关系怎样？（分类思想指导化归方法的探索）哪一种对获取证明最简洁？（至此，教材中"在多边形内任取一点 O"的思维过程得以充分自然的暴露）。

（4）反思探索过程，优化思维方法，激活化归思想。教师可以提出以下问题：从上面的探索过程中，我们发现化归思想有很大作用。但是，又是什么启发我们用这种思想指导解决问题呢？原来，我们是选择考察几个具体的多边形，如四边形、五边形等，发现特殊情形下的解决方法，再把它运用到一种特殊化思想，它对提供解题方法有重要作用。

（三）在问题解决方法的探索过程中激活数学思想方法

数学教学在使学生初步领悟了某些最高思想的基础上，还要积极引导学生参与数学问题的解决过程，通过主体主动的数学活动激活知识形态的数学思想，逐步形成用数学思想指导思维活动，探索数学问题的解决策略。数学思想也只有在需要该种思想的数学活动中才能形成。比如"平行四边形面积的求法"这一问题，要获取解决方法，首先需要探索解决策略。而在探索解决策略的思想活动中，化归思想的指导将思维正确定向于转化成求已知的矩形面积，如图 3-1 所示。其次是如何实现转化，即化归方法的选择。

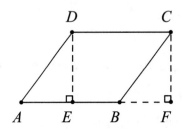
图3-1 平行四边形示意图

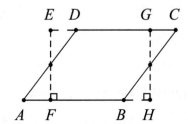
图3-2 将图3-1中的AB减短

由于转化目标是矩形，所以作辅助线 DE 和 CF 即可实现转化目标，若我们仅停留在这一层次的教学上，学生认识也只能处于感性认识的水平。假若将图 3-1 进行适当的变化，即使 *AB* 变短一些，如图 3-2 所示，那么如何实现转化呢？若借助于知识形态的数学思想指导思维活动，则很可能会做出与图 3-1 一样的辅助线，但这种转化显然不能实现最终的化归目标。尽管从表面上看也划归为矩形，但与原梯形不等积。这是因为知识形态的思想仅是一种与答案目标盲目联结、累加凑合的感性认识，是由于研究对象的某些要素的多次重复，以致在大脑皮层中留下强刺激而做出的思维反应。所以，通过问题变式的教学，尤其是让学生独立探索解决方法的活动，使其真正认识到求解该问题的方法的实质是等积变换，即要在保持面积不变的情形下实现划归目标，而化归的手段是"三角形移位"，作辅助线是为"三角形移位"创造条件。在这种思想方法指导下，便能做出 AD、BC 之中点来实现转化目标的正确选择。这样，学生的化归思想就会得到深化。当然，仅此一节课或一个问题还不足以说明学生真正具备了带有个性特征的、生动活泼的数学思想，但只要一节课一节课地坚持，一个问题一个问题地积累，学生的数学思想就会产生质的飞跃。

（四）在知识的总结归纳过程中概括数学思想方法

数学教材是采用蕴含披露的方式将数学思想融于数学知识体系中，因此适时对数学思想做出归纳、概括是十分必要的。概括数学思想方法要纳入教学计划，应有目的、有步骤地引导学生参与数学思想的提炼概括过程。尤其在章节结束或总复习时，将统摄知识的数学思想方法概括出来，可以加强学生对数学思想方法的运用意识，也使其对运用数学思想解决问题的具体操作方式有更深刻的了解，有利于活化所学知识，形成独立分析、解决问题的能力。概括数学思想一般可分两步进行：一是揭示数学思想的内容、规律，即将数学对象共同具有的属性或关系抽取出来；二是明确数学思想方法与知识的联系，即将抽取出来的共性推广至同类的全部对象上去，从而实现从个别性认识上升为一般性认识。由于同一数学知识可表现出不同的数学思想方法，而同一数学思想方法又常常分布在许多不同的知识点里，所以通过课堂小结、单元总结或总复习，甚至是某个概念、定理公式、问题教学，都可以在纵横两方面归纳概括出数学思想方法。

第四章 数学教学设计评析

第一节 整合思想与数学教学设计

一、教学设计的基本概念及理论基础

（一）数学教学设计

教学设计是指运用系统方法，将学习理论的原理转换成对教学资料和教学活动的具体计划的系统化过程。教学设计是运用系统方法，将学习理论与教学理论的原理转换成对教学目标（或教学目的）、教学条件、教学方法、教学评价等教学环节进行具体计划的系统化过程。

数学教学设计是指教师根据学生的认知发展水平和数学课程培养目标来制定教学目标，选择教学内容，设计教学过程各环节的过程。教学的目的是要缩短学生实际水平与教学目标之间的差异，学生的数学认知结构决定了数学教学过程的进程和层次，教学设计要使学生由不会学发展为会学，由依赖教师发展为部分依赖或不依赖教师。所以，数学教学设计的思路必须以学生的当前状况及学习类型为起点，以目标为导向，综合有效利用各教学资源，设计人人主动参与的教学活动，并在教学活动中检验其学习成果。

（二）数学教学设计理论基础——建构主义学习理论

建构主义学习理论的基本观点是：学习是个体基于已有学习基础（智力与非智力），在一定的情境下，通过主客体的互动，积极主动地建构个人心理意义的过程（皮

亚杰）。

建构主义提倡在教师的指导下以学生为中心的学习。数学认知结构是一个复杂的系统，它不仅包括数学本身的学科知识，而且还受到生活经验和其他学科知识直接或间接的影响，导致在数学学习过程中，不同学生对同一数学知识的理解也会有不同侧面以及深刻程度上的极大差异。学生只有自主参与学习活动，才能主动将新知识与原有认知结构建立联结，通过重组和改造形成新的认知结构。学生在操作、交流和智力参与过程中主动建构，循序渐进地同化新知识、构建新意义。学习数学是一个主动建构的过程，学习者在一定情境中，对学习材料的亲身体验和发现过程才是学习者最有价值的东西。

（三）教学设计评价依据

教学设计的好坏主要体现在：在是否激发了学生学习的动机，是否促进了学生的学习，是否落实了教学目标的要求。目标上，强调知识与技能、过程与方法、情感态度与价值观的三位一体，要关注知识技能的形成过程和学习方式的多样化。在建构主义学习理论指导下，一个好的数学教学设计，应该能激发学生的学习兴趣、帮助形成学习动机、创设的情景符合教学内容要求，同时能提示新旧知识联系的线索，帮助学生建构当前学习内容的意义。在组织讨论与交流形式的协作学习时，教师对过程进行必要的引导，使之朝着有利于意义建构的方向发展。好的数学教学设计，要引导学生采用探索法和发现法建构知识的意义，引导学生主动收集并分析资料，引导学生大胆提出各种假设并努力验证。

学习不仅要用大脑思考，而且还要用眼睛观察，用耳朵倾听，用语言表达，用手操作。所以，一个好的数学教学设计，应该是能充分调动学生多感官协同工作的完美组合，能充分揭示概念形成的思维过程，揭示结论的发现过程，揭示问题解决的思路及探索过程，使学生通过学习，把握数学思想方法，形成数学能力，发展数学思维，从而提高问题解决能力。

二、整合思想下进行数学教学设计

整合的精髓在于将零散的要素组合在一起，通过某种方式彼此衔接，从而实现信息系统的资源共享与协同工作，最终形成一个有价值、有效率的整体。

（一）整合教学内容

教材是教学内容的主要来源，所以教师必须首先吃透教材，要对教学重难点、新旧知识的连接点和生长点进行深入分析。整合教学内容时必不可少的是对教材进行必要的删减或增补，对于繁难旧的内容进行适当取舍和重组。同时要结合生活和专业中的相关知识背景，创设相应问题情境激发学生兴趣，引起学生思考，引导学生自主探索、合作交流。内容安排上以由简到繁、由易到难、螺旋上升的方式循序渐进地推进，要有利于学生主动建构新旧知识间的连接和意义。

教材由于篇幅和体系的限制，部分内容被简化甚至留白。整合教学内容，要故意把这些看不见的留白暴露出来，让学生经历"再创造"过程。做习题是使学生掌握知识、形成技能、发展智力的重要手段。教师若能对习题进行适当的延伸，以变式的形式对原有习题进行再创造，必然可以更深层次地挖掘和深化习题的丰富内涵，对培养学生思维的广阔性、灵活性和创造性都是大有帮助的。教师可以利用习题设计出多种形式的练习，将前后知识进行必要的串联，或启迪思路注重方法，或引申问题丰富内涵，或串联知识一题多解，或解后思考扩大成果，或归纳题型总结规律，让学生在做习题的过程中进行有目的的思考，能够提高课堂效率且训练学生思维能力。

（二）整合教学方法

宏观上讲教学方法主要有：一是以语言形式获得间接经验的讲授法、谈话法、讨论法和读书指导法。二是以直观形式获得直接经验的演示法、参观法。这两种方法一般都得与语言形式的教学方法配合使用。三是以实际训练形式形成技能、技巧的练习法、实验法和实习作业法。"教学有法，教无定法，贵在得法"，每一种成型的教学方法都有其显著的优点和略显瑕疵的局限，教师实际教学时不能拘泥于采用哪一种固定的教学方法，而应把握各教学方法的特点、作用、适用范围和条件以及应注意的问题等，遵循教学规律和原则，对教学方法进行系统整合，优化使用。

整合教学方法受教学目标和内容、学生实际认知水平以及教师个性心理特征等因素的影响。只有选择适合某课的教学内容、适合学生的认知实际、符合教师个性心理特征的教学方法，才能高效率地达成教学目标，使课堂教学达到一个相对完美的境界。整合教学方法最根本的依据是以学生发展为中心，能启迪学生学习的自觉性和主动性，能帮助学生建构知识并获得知识和能力、情感态度的共同提高。重视被选方法的层次搭配、主次顺序、相互补充和彼此配合，综合分析后对教学程序进行最优化设计，使学生在规定时间内，以较少的时间和精力，获得较大的发展。

（三）整合信息技术手段

信息技术手段是指使用和优化信息系统的方法，包括多媒体网络技术、数学相关软件及电子教材等多种形式。信息技术与数学课程整合，是要将信息技术有机地融合在数学学科的教学过程中，用来丰富数学课程资源和教学内容，完善课程结构，学生在以教材为蓝本的基础上，得到更加全面和丰富的学习资源。将信息技术运用于课程实施过程，当中使得数学教学更加生动有趣和直观，更能贴合学生实际，激发学生学习兴趣，并提高学生在信息获取、分析、加工、交流、创新和实践方面的能力，提高学生思维能力和解决问题的方法。

第二节　趣味教学与数学教学设计

趣味是生活的原动力，趣味丧掉，生活便无意义。既然如此，那么教育的方法，自然也跟着解决了。数学趣味教学以学生的心理情趣为主导，通过趣化数学，寓教于乐，激发学生的数学学习乐趣，提高学生自主学习动力，提升学生的学习能力和数学学习效果。

一、数学趣味教学的价值

数学是一门研究数量关系与空间形式的科学，具有极强的抽象性，容易给学生一种单调枯燥的感觉。教师要设法趣化数学内容，优化数学教学方式，使数学课堂变得生动有趣，充分调动学生的自主学习欲望，提高学生数学学习的积极性。数学趣味教学主要具有如下价值：

（一）营造快乐自由氛围

传统数学课堂的应试教育味道较浓，教师以知识教学为主，以讲授灌输为手段，师生之间是单向的授受关系，缺少情感的交流，学生心理紧张压抑，课堂上师生互动交往较少，气氛比较沉闷。趣味教学能够营造快乐自由的氛围，通过各种方式使理性的数学感性化，让冰冷的数学充满温度，让数学课堂成为趣味课堂，这样学生的心情就愉快了，活动更自由了，会主动与教师、同学互动交往。轻松的学习氛围，和谐的师生关系，课堂充满温情与活力，学生的学习欲望得以充分激发。

（二）提升数学学习质效

趣味数学课堂充满情趣，学生的学习心理达到最佳状态，学生乐于探究，真正变成学习的主人，学生的探究自主性得以充分发挥，进而提高学习效率。趣味教学不仅优化了师生关系，而且优化了教学方式，不仅让数学课堂充满乐趣，而且使数学学习轻松高效。丰富而有趣的数学探究活动，主动参与的探究式学习，让深奥难懂的数学知识变得简单易懂，使学生的数学思维得到充分激活，数学学习质效得以大大提升。

（三）催发学生创新潜能

唯有创造才是快乐，只有创造的生灵才是生灵。创造性是趣味教学的一大特征，趣味教学以趣激创，为学生的个性发展提供了舞台，为学生创造种子的萌发提供了条件。趣味课堂环境宽松自由，推动学生积极思考，让学生插上想象的翅膀，助推学生发散思维，助力学生理解数学。趣味课堂教学方法与学习方法多样化，有利于学生自主创造，满足学生的创造欲望，催发学生的创新潜能，培养学生的自我创新能力。

二、数学趣味教学的策略

引趣是数学趣味教学的关键，数学趣味教学变革了传统的教学观念和教学方法，教师通过创新课堂教学手段和方式，以构筑快乐学习环境、激发主体探究性、激励自主创造性、提高教学质效性、提升学生数学素养。笔者在教学中摸索出设置趣味情境、设计情趣活动、设法趣化评价等策略，实现有效引趣、以趣启智的效果。

（一）设置趣味情境

精彩课堂从情境开始。情境教学具有仿真性、趣味性、互动性等特点，旨在通过创设具有情绪色彩的场景，引发学生的情感体验、激发学生的好奇心、促进学生主动参与学习。基于学生心理是有效创设情境的关键，教师从学生的兴趣点出发，进入学生的内心世界，能够了解学生喜欢什么、需要什么，这样创设的情境才会更有效，才能更好地将学生引入情境，使学生不知不觉地进入情境，以主人翁的姿态积极投入学习。

（二）设计情趣活动

教师要为学生提供有趣而有意义的学习活动，让学生发挥学习的主体性，在有意义的数学活动中自主探究，在实践体验中理解，在理解的基础上建构。数学活动情趣化，旨在使枯燥的数学学习变得生动有趣，以激发学生的学习热情，促使学生积极主动地投入探究活动。数学活动趣味化，还在于使复杂的数学简单化，助力学生思维，使学生在有效思考中揭晓问题的答案。

（三）设法趣化评价

教学评价是对教师的教和学生的学的价值判断，评价能够对教学起到诊断和激励的作用。评价学生是其中一个重要的方面，好的评价不仅能够促进学生知识、能力的成长，而且能够愉悦学生心情、点燃学生情趣、增进学习动机、推进学习深入。

"兴趣是最好的教师。"趣味教学是数学教学的必经之路，教师要谨记爱因斯坦的教诲，深刻认识趣味教学的价值，深入探究趣味数学策略，在数学课堂中实施趣味教学，巧妙引趣启智，让学生在趣味课堂中快乐学习，提升数学素养。

第三节　翻转课堂与数学教学设计

随着信息技术的发展，教学模式、教育技术手段也越来越多样化。慕课（MOOC）、微课、翻转课堂正逐渐成为教学形式的重要组成部分，学生通过网络平台，可以获取大量的学习资料，甚至可以获得相应的学习证明。在众多信息教学形式中，翻转课堂以它独特的优势受到了教师与学生的欢迎。相比于慕课这种以自学形式为主，辅以网络交流、讨论的大规模网络开放课程，翻转课堂更适合课堂教学模式，尤其适合小班教学，既有自学的灵活性，又有课堂教学的严谨性。

一、翻转课堂

（一）翻转课堂的起源

翻转课堂也被称为颠倒课堂，它起源于美国林地公园高中，推广于萨尔曼·可汗的可汗学院。该教学模式的首创者提出学生真正需要教师帮助的时候，是在遇到问题无法解决的时候，而基本知识的传授完全可以通过课下学生自学来完成。借助微视频教学，学生可以在课下的时间完成基本知识的学习，并发现自己的问题；然后在课堂教学的过程中，教师让学生提出问题，并帮助他们解决。这就是翻转课堂的教学理念和教学模式。

（二）翻转课堂的特征

1. 内涵特征

翻转课堂以建构主义和掌握学习理论为指导，以信息技术为依托。教师要根据教学目标进行视频制作，学生在观看视频教学后要回到课堂上与教师进行互动，师生之间要以答疑解惑、探索交流、分享成果来达到预期的教学效果。它并没有完全脱离课堂教学，而是通过形式的颠倒来激发学生的学习主动性。翻转课堂是对传统的教学模式进行了颠覆，从教师传授转化为帮助学生进行知识内化。

2. 结构特征

翻转课堂的结构特征体现在课堂时间的重新分配、教师和学生角色的转变。学生真正成为学习的主体，而教师成为学生学习过程中的参与者，为学生提供资源信息、进行学习辅导和答疑。翻转课堂的理想状态应是学生在课堂上表现活跃，相互提问并解答，生生之间、师生之间交流充分、互动有效。翻转课堂的表现形式应是灵活多样的，根据学习阶段的不同、教学目标的不同，所采用的多媒体形式、信息技术等都应随之变化。

3. 实际意义

翻转课堂是教学模式的转变。因为教学形式新颖、学生参与环节多，所以充分调动了学生学习的积极性、调节了课堂的教学气氛、提高了教学效率。同时，充分加强了学生的自主学习，不同的学生在学习的过程中会产生不同的想法，提出不同的问题，在课堂交流环节内进行沟通交流，使得学生更好地完成知识的内化。

二、翻转课堂与数学教学结合的必要性

翻转课堂为何要与数学教学结合，主要有以下这几个方面的原因：

（一）顺应时代的发展趋势

现代化技术的蓬勃发展不仅对我们的物质生活产生了很大的影响，对教育的发展也带来了活力与变革。在以微课、慕课等视频为媒介的基础上，为顺应时代的发展，翻转课堂的教学模式也逐渐地出现在各个国家的数学课堂之中。

（二）遵循新课改的要求

在传统的课堂教学中，教师重视知识的传授而忽视了学生的主体性，但新课改要求"以学生为主体"，促进学生全面而有个性地发展。因此，新时代的教师应不拘一格，采用更有益于学生发展的方式，从而使学生在数学课堂教学中更能充分发挥其主体性。

（三）翻转课堂自身的优势

第一，以互联网和计算机为依托，教师借助各种教育技术，制作短小精悍的教学视频，学生能根据自身的时间和情况来安排和控制自己的学习。第二，学生通过在家或课外看教师的视频讲解进行学习，不用担心因为在课堂上分心而漏听了知识点，也不会因为是在课堂上集体授课而神经紧绷，有助于学生更热爱学习。第三，先让学生自主学习，教师再进行教学，教师可以根据学生自主学习的反馈情况了解学生疑惑的地方在哪里，从而更好地决定第二天教学的主要内容，实现线上线下的结合。第四，学生在课后可以无限次地复习这些知识点，便于学生复习。

三、基于翻转课堂模式的设计与分析

基于翻转课堂模式的授课方式与传统教育不同，其教学方法以学生自主学习、

讨论交流为主，教师教授为辅，充分体现以学生为主体的理念，在培养学生抽象思维能力的同时还提高了学生的合作交流、敢于提出问题的能力。具体的教学过程如下：

（一）课前

课前让学生自主选择合适的时间段结合课本进行学习，帮助学生更好地理解和掌握该知识点，并将学习中遇到的难以理解的问题、学习情况汇报给小组组长。让小组组长汇报给教师，便于教师了解学生课前学习的情况，更好地决定和设计课堂上的教学内容和教学过程，充分利用课堂上有限的时间让学生提出自身的观点，帮助同学答疑解惑，发展思维和提高合作交流能力。

（二）课堂

在课堂上，教师将课前学习的情况向学生进行说明，并将学生所遇到的问题一一列举至黑板上，教师在必要的时候加以讲授辅导。教师在完成教学任务的同时，还能让学生成为学习上的主人，既能培养他们的抽象思维能力，还能提高他们敢于提出问题、敢于质疑的批判性精神。

（四）课后

经过课前的微视频学习和在课堂上教师的讲授与师生之间的讨论交流这两个环节，学生在理解和掌握知识之后，自主完成教师所布置的作业。如若作业中存在尚不理解的问题与知识，可在微信群或者 QQ 群跟教师进行答疑，以便及时解决。也可多次反复观看微课视频，复习和巩固知识点。

四、基于翻转课堂模式的数学教学策略

（一）制作微课，编制合理的调查问卷，组建班级学习交流群

在教师在正式上课之前，应提前制作好关于这一节课内容的微课视频和编制检测学生通过课前学习所掌握的知识程度的调查问卷，或者通过网络找出相关知识的学习视频，上传至微信群、QQ 群等这些已经组建好了的班级学习交流群中。并且要保证班里的每一位同学都已经加入了这个交流群，确保每一位学生都能接收到教师所下达的通知。这有助于翻转课堂教学的顺利实施，也是实现线上线下互动交流的

重要桥梁。

（二）实行组长负责制，分发课前学习任务

交流群建立好后，实行组长负责制。根据班级人数情况，自由组合，分成每组4至6人的小组，并选出每组的小组长，进行分组学习讨论。每位小组长还可以根据自己小组成员的意愿再建立一个小组学习讨论群，更便于小组学习讨论和交流。教师将微课视频和课前学习的要求、任务以及检测学生课前学习的调查问卷上传至班级学习交流群中，让每位同学按时学习，并将学习后觉得有疑惑的地方经小组讨论后仍未能得到解决的知识点上报给小组组长，小组组长及时记录并叮嘱学生填写检测课前学习情况的问卷调查。

（三）根据学生反馈的情况，制订课堂教学计划

小组长将各自组员课前学习的情况以及调查问卷汇报给教师，教师可根据每位组长汇报自己组员觉得疑惑的知识点和每位学生填写的问卷调查的情况，了解每位同学的课前学习情况，从而更好地决定和计划课堂上的教学过程以及要讲授的重难点内容，并鼓励学生发表自己觉得困惑的疑难点和对这些问题解决的想法，鼓励学生敢于提出问题和质疑其他的观点，师生一起探讨和交流，形成浓厚的课堂学习气氛，在充分体现学生的主体性。让学生成为真正意义上的学习的主人的同时，还提高了学生敢于发现问题、提出问题和解决问题的能力，培养了学生的批判性精神，有助于学生在汲取他人观念的同时，又能取其精华，去其糟粕，拥有自己独特的思想和观点，提高创新性思维。

（四）布置课后作业，帮助学生查漏补缺

课后作业也是数学教学中的一个重要环节。合理设计布置的课后作业不仅可以检测学生学习的成果，还可以提高学生对自身的自我认知水平，学生清楚地了解到关于该知识点自己的掌握程度以及依旧存在认知困惑的地方，就能能及时请教教师和同学帮助解其开疑惑，也能有效地促进学生对自己学习方法和方式的反思。从而帮助学生寻找到适合自身的学习方法。除此之外，教师通过布置课后作业，还可以帮助学生巩固所学知识。通过作业提高学生的自信心，从而激发学生的学习兴趣，进而提高数学课堂的学习氛围。可见，不管是传统课堂，还是基于翻转课堂的数学教学中，课后作

业的布置环节都起着至关重要的作用，是教师不可忽视的一个重要环节。

（五）及时为学生答疑解惑，了解学生掌握知识的程度

当学生在完成课后作业后，若还存在着疑惑的问题，可通过班级学习交流群或者小组的学习讨论群向教师和同学进行咨询，及时解开疑惑，防止出现因问题得不到及时的解决而导致今后得到的知识片面化和浅显化，也防止学生出现学习态度的消极转变等问题。在基于翻转课堂的数学教学中，可以很合理地处理这些问题，改善以往传统教学中学生遇到问题而寻解无门的情况，在提高学生学习热情的同时，也更方便教师了解学生掌握知识的程度，更好地促进师生间的交流，让学习和交流不仅仅可以发生在课堂上，也可以发生在课堂之外，促进师生共同进步、共同成长。

翻转课堂教学模式的普及需要以网络与手机、电脑等移动通信设备为基础，只有在这些媒介的帮助下，才能顺利地开展翻转课堂教学。因此，随着时代的发展和经济、科技的日益进步，这些媒介的得以普及，翻转课堂教学模式可以得到充分应用，惠及每一个学生。

未来的数学课堂可能会逐步发展为小班制，一个班级只有 10 个学生左右，在充分体现学生的主体性的同时，也方便教师因材施教。

随着增强现实与虚拟现实技术的不断发展，这两项技术将更好地应用于数学课堂，让学生可以去观察和探索三维空间的图形或者图像，实现数学课堂信息化，有助于提高数学教学翻转课堂的质量和学生学习的兴趣。

五、数学建模的翻转课堂教学

在当今科技突飞猛进的时代，数学的应用越来越广泛，现在很多学科都已由定性研究变为定量研究。从研究问题背景出发，收集数据、假设并建立数学模型，对模型进行分析、改进、检验，利用计算机进行求解，应用于实践，进一步再修改，直到达到完善的程度。这说明，在现代的科学技术中，只有借助于数学，才能达到应有的精确度。

数学建模是用数学的语言通过建立模型去解决实际问题的一种手段。它是对客观现象本质属性抽象而又简洁的一种模拟，既可对现实问题做解释说明，又可为某一现象发展提供最优方案。数学建模课程教学内容非常多，涉及领域广泛，但因为授课学时有限，学生知识结构和能力水平参差不齐等问题，仅靠传统的讲授式教学方式

已经远远不能达到我们预期的教学目标。仅靠课堂教学想让学生获取所需要的技能、对知识完全消化理解也是不现实的，传统的课堂教学已经很难满足数模人才培养的需要。在计算机技术迅猛发展的今天，科学合理地利用微课等新型教学手段以及互联网等传播媒介，采取翻转课堂等新型的教学模式能够有效地解决这些问题。在教学中，要不断地利用网络信息技术等手段并寻找有效的教学方法、教学手段以保证提高教学质量。

教学方法、教学手段等要与时俱进，跟上时代的步伐。教学方法、手段的创新不再是传统的一支粉笔、一块黑板，满堂灌的教学模式，而是给学生留有独立思考、独立学习的时间，注重引导学生思考问题、讨论问题、解决问题。遵循精讲多练的原则，讲课要抓住问题本质、引人入胜；练要练得有的放矢，调动学生自己解决实际问题的积极性，让学生在教师的启发引导下，通过自身努力研究、探索，培养学生勇于实践、勇于探索的精神和解决实际问题的能力。翻转课堂改变了传统的填鸭式教学模式，学生由被动学习者变为主动求知者。

在翻转课堂教学中，学生利用网络信息技术转变为课堂上的主动探索者，教师的角色变为课堂的组织者。这种教学模式分为课前、课上、课后三个阶段。课前准备部分，主要是教师制作教学视频，发布教学微视频让学生自主观看学习。教师在课前要根据教学内容、教学经验制作教学视频，教学视频内容的选择要尽可能贴近生活，生动有趣，准备充足的适合本班学生的材料，这将极大地促进学生的学习积极性，有助于培养学生的创新能力和应用能力。学生通过解决这些身边的实际问题来学习利用数学知识，不仅能触动学生对本课程的学习热情，更能激发学生进行科学研究的兴趣。课上活动主要包括师生共同分析问题，讨论问题，然后学生独立解决问题，开展协作探究活动等。

课后学生观看教师的视频讲解，学生可以自由地选择观看视频的时间、地点，在规定的时间段内观看完即可。这也是因材施教，层次好的学生看一两遍就能掌握学习内容，层次稍差的学生可以多观看几遍视频，不像在课堂上不同层次的学生都只能听教师讲解一遍。学生自己观看视频的节奏快慢完全由自己掌握，听懂了的可以快进跳过，没懂的可以倒退反复观看，边看边思考，也可停下来做记录，随时可以发有关问题的帖子来寻求帮助。翻转课堂的好处是全面提升了教师与学生之间的互动，让学生必须主动参与到学习中，如果不观看视频，在课堂上就无法参与讨论，而教师通过课堂上学生的反应和讨论情况，也很容易掌握学生是否认真地观看视频并进行独立的思考；也就可以及时针对学生的学习情况，尽快地做出调整。教师的角色已经从内容的呈现者转变为学习的教练，教师需要针对学生观看视频的情况以及学生在网络平台所反映出的问题进行答疑解惑，这极大地促进了教师与学生之间的交流。

为了满足社会发展对人才的需求，在教学改革提倡把学生从被动的学习者变为主动学习者，把学生培养成应用型的人才，提高学生的动手操作能力，提高学生分析问题、解决问题的能力，把所学用到解决实际问题中。

"翻转课堂"之所以能被广泛地应用于教学中，主要是因为课堂讨论让学生主动参与到学习中。在翻转课堂教学中，能体现出学生角色的主动性，突出学生是学习的主体。如果学生在学习中缺乏主动性，那么翻转课堂中的学习就无法进行。

第四节　核心素养与数学教学设计

数学在形成人的理性思维、科学精神和促进个人智力发展过程中发挥着不可替代的作用。数学教育承载着落实立德树人的根本任务和发展素质教育的功能。随着数学课程改革的深化，培育学生的数学学科核心素养已成为数学课程的重要目标。在数学教学中，如何培育学生的数学核心素养，促进学生的全面发展，已成为数学教育工作者的重要使命。数学教学设计是对数学教学活动做出的系统规划和安排，对数学课堂教学起着统领的作用，基于数学学科核心素养开展数学教学设计，是数学教学能否落实数学核心素养的关键。本节将从数学教学设计的主要环节出发，对如何基于数学学科核心素养进行数学教学设计，进而实现有效教学做一些探讨。

一、数学教学目标的确定要分析内容包含的数学核心素养

在教学设计中，确定什么样的教学目标是教师首先要思考的内容，它不仅制约教学过程的设计，也关系到教学方式方法的选择，同时，也是教学评价的重要依据。数学学科核心素养是数学课程目标的集中体现，是具有数学基本特征的思维品质、关键能力以及情感、态度与价值观的综合体现，是在数学学习和应用过程中逐步形成和发展的。因此，在数学教学中结合教学内容、发展学生的数学核心素养，应成

为数学教学目标的重要内容。教师在教学设计过程中确定教学目标时，要能对教学内容包含的学科核心素养进行分析，并进行具体的描述。

首先，教师要对数学学科核心素养的内涵有深入的理解。研读课程标准与教材是做好教学设计的前提，在教学设计前，教师要通过对数学课程标准的学习，对数学学科核心素养每一个方面的内涵、表现和不同水平等有清晰而准确的认识。数学学科素养包括数学抽象、逻辑推理、数学建模、直观想象、数学运算和数据分析六个方面，其中前三个素养是数学学科基本特点的反应，即数学具有抽象性、逻辑的严谨性和应用的广泛性。几何直观、数学运算、数据分析则分别与图形与几何、数与代数、统计与概率三大学习领域相对应。对于具体一节课而言，教师要在研读教材后，结合学习领域特点，以及它在整个数学知识体系中的位置与作用，分析本节课包含的数学学科核心素养。每一个数学学科核心素养既相对独立，又相互交融，有些课可能重点是某一个核心素养，也可能包含多个核心素养，教师在确定教学目标时，要结合教学内容有所侧重。

其次，要能运用恰当的行为动词对数学核心素养目标进行具体表述。当确定了某节课所包含的主要数学核心素养后，还要通过恰当的方式将其在教学目标中表述出来。教学目标作为一节课要达到的目标，其陈述应尽可能明确、可操作、可观察，有些还要可测量，不能过于空泛。教学目标中对数学学科核心素养的描述，应从数学核心素养的表现和不同水平出发，以学习者为主体，运用恰当的行为动词进行具体表述。教学目标中如果有关于数学抽象素养的内容，不能简单表述为培养学生的数学抽象素养，可以结合行为动词和教学内容，表述为如"能在熟悉的情境中抽象出某个数学概念"[①]等较为具体的形式。

最后，教师要对三维目标和核心素养的关系有正确的认识。从目前数学教师教学设计中对于教学目标的描述来看，绝大多数教师都是从"知识与技能、过程与方法、情感态度价值观"的三维目标来思考和呈现的，从数学学科核心素养视角思考的较少。为此，教师需要对三维目标与核心素养的关系有一定的认识。从形成机制来讲，核心素养来自三维目标，是三维目标的进一步提炼与整合，是通过系统的学科学习之后获得的；从表现形态来讲，核心素养又高于三维目标，是个体在知识经济、信息化时代，面对复杂而不确定的情境，综合应用学科的知识、观念与方法解决现实问题时所表现

---

① 王富英，吴立宝，黄祥勇. 数学定理发现学习的类型分析［J］. 数学通报，2018，57［10］：14-17.

出来的基本品格和关键能力。三维目标不是教学的终极目标，而是核心素养形成的要素和路径，教学的终极目标是人的品格和能力。明确了这一点，教师在确定数学教学目标时，才能正确理解三维目标和数学学科核心素养目标的关系，使得教学目标能围绕数学学科核心素养的培育来深入思考，并将其体现在教学设计中。

二、数学教学过程的设计需贯穿"四基"与"四能"

数学教学过程设计是数学教学设计的主体，是对数学教学环节和步骤的思考和安排。一般的数学教学过程设计，重点围绕"双基"（基础知识与基本技能）展开。随着对学生数学学科核心素养的关注，以及未来对学生的创新实践能力的要求，教学过程中仅仅关注"双基"是不够的，还要向"四基"（数学基础知识、基本技能、基本思想、基本活动经验）与"四能"（发现和提出数学问题的能力、分析和解决问题的能力）发展。这就要求教师在数学教学过程的设计中，必须贯穿"四基"与"四能"。

对"四基"而言，前两个方面教师比较熟悉，因此，重点应落在如何让基本思想与基本活动经验在教学过程中得以体现。教材是教师教学的重要依据，其中基本知识与基本技能基本处于显化状态，并且可以直接考核。而基本思想更多的则是隐藏在教学内容的背后，作为一条"暗线"存在于教材之中，需要教师通过研读教材，将其挖掘出来，并在教学过程中给以重点设计安排。

在学生"四能"培养过程中，教师一般对于学生分析问题和解决问题的能力比较重视，对于学生发现和提出问题的能力则相对漠视。在教学设计中，教师要认识到发现和提出问题对于学生批判性思维的形成和创新实践能力的重要性，并围绕它做出具体的安排。尽管近年来在学校教材中有关培养学生发现和提出问题的内容有所增多，但在教学过程设计中，多数教师都担心学生发现不了问题，也提不出有意义的问题，常常忽略对让学生发现和提出问题的设计。因此，在实际教学中，新的课题或要研究的问题基本由教师自己提出，教学的重点是让学生去分析和解决问题。对学生而言，如果没有深入的思考，就不会发现问题，没有问题意识就不可能提出问题。在教学过程设计中，教师要通过创设问题情境等多样化的手段，促使学生发现和提出问题，使得学生的数学核心素养得到培养，最终能达到会用数学的眼光观察世界，会用数学的思维思考世界，会用数学的语言表达世界。

三、数学教学方式的选择应关注学生学习方式的转变

教学方式是实现教学目标的手段，在教学设计中，需要结合教学内容的特点以及教学目标的要求，选择适当的教学方式。教学是教师的教和学生学的双边活动，当教师选择一定的教学方式，对学生而言，就意味着已经选择了相应的学习方式。因此，基于数学核心素养的数学教学设计，在选择教学方式时，不仅要关注学生数学能力的培养，还要关注学生数学学习品格的形成，通过数学教学，使学生能够养成良好的数学学习习惯，掌握适合自己的数学学习方式，学会学习方法。

首先，通过组织数学探究，培养学生勇于探究的精神。数学教学是在问题驱动下展开的，其过程充满了探究性，为此，在数学教学方式选择时，可以结合教学内容特点，组织有效的探究学习，培养学生的探究精神。尽管一些教师的教学设计包含了很多探究的元素，但从课堂上探究教学的组织与实施来看，数学探究教学还存在较多问题。但在实际教学中，教师能留给学生自主探究的时间则少之又少，且缺乏过程性，有的看似探究，但学生还没有深入讨论和探索，探究活动就草草收场，这种探究只有形式，没有实质内容，本质上与教师讲授没有区别。

其次，通过设计合作学习，培养学生与人合作、批判质疑的能力。学生的学习方式有个体学习、小组学习与全班共同学习等多种形式，问题解决在数学学习中占有很大的分量，当学生要解决的问题比较简单时，学生可以通过自己的独立思考去完成。但当出现学生个人独立解决起来有困难时，教师就需要及时将学生分成学习小组，让学生在小组内通过讨论和同伴互助完成学习任务。合作学习在促进学生数学知识建构，开展数学交流，在形成合作意识与批判精神方面有重要意义。如数学建模素养的培养，必须让学生在应用中学应用，在建模中学建模，在经历中体会数学建模的方法与过程，提高解决问题的能力。这类问题综合性强，学生要经历发现并提出问题，建立和求解模型，检验和完善模型，分析和解决问题等过程，学生独立解决起来难度较大。当教师让学生以小组为单位去完成数学建模时，不仅可以培养学生的合作精神，发挥团队解决问题的优势，还可以化解学生数学学习的焦虑，提高数学建模的效率和质量，使得学生的批判性思维和创新实践能力得到很好的培养。

四、数学作业设计从单一向多元化发展

数学作业设计是数学教学设计的重要组成部分，它对于学生巩固所学知识，强化知识的运用有很重要的意义。在数学教学设计中，作业往往不被教师重视，甚至很少有设计的概念，多是将教科书或教辅资料上的习题布置给学生，要求学生以书面的形式完成，内容多以解题为主。总体来看，数学作业的形式和内容都比较单一，学生完成它的兴趣缺乏。从培养学生数学核心素养出发，教师对于数学作业应加大设计力度，使作业从单一向多元化发展。

数学除了有抽象性一面，还有很强的应用性，教师要在书面作业的基础上，结合教材内容，设计和布置一些如小研究、小调查等与实践有联系的实践性作业。通过实践性作业，不仅可以促使学生将数学与生活联系起来思考问题，促进对数学知识的理解，还可以使学生把所学的数学知识和其他学科知识结合起来，以解决生活中的问题，使学生的数学核心素养得到提升。数感是学生重要的数学素养，但由于学生生活经验缺乏，单靠书面作业很难建立良好的数感。为此，教师可以设计这样的实践性作业：估计你家里某个物体的长度，然后再用尺子测量它的实际长度并且记录下来。学生要完成这个作业，必须经历先估计然后测量的过程，在此基础上再做出比较和判断，作业的实践性和开放性非常强。学生在完成作业的过程中，首先选择感兴趣的物品，还要动手去度量，这与度量教材上有关物体（图片）的长度或纯粹的单位换算题目性质完全不同，学生做起来兴趣相当浓厚。有的学生测量自己床的长和宽，有的测量自己书桌的长、宽和高，有的测量家中汽车的长和宽等。学生通过估计和实际测量，不仅对长度单位形成了良好的数感，而且对不同长度单位也有了直观的认识，为学生今后正确使用合适的长度单位奠定了良好的基础。

随着作业类型的变化，交作业的形式也要随之发生变化。如在学习了观察物体后，教师设计的作业是：选择一件自己喜爱的物品，从不同的位置（前面、左面、上面）观察并进行拍照。学生通过从不同方向拍照，联系生活实际，很好地理解了从不同方向看物体的意义。由于本次完成的作业是一个照片，上交的形式也可以多样化，如可以让学生将拍摄的照片打印出来粘贴在作业本上，也可以让学生通过电脑或手机发送给教师，也可以让学生拷在 U 盘上带到学校。总之，这样的作业不仅更加生动活泼，富有个性，而且节省了学生的时间，促进了学生的理解，同时方便教师批阅。

当有学生将作业通过网络发送给教师，它完全可以在课堂上打开学生的作业，现场进行点评。这时，每个学生的作业就像一幅独特的作品，变成了教师教学生动的生成性资源，通过在全班分享行为，使更多的学生从别人那里受到启发。最后，对于完成作业的时间也应灵活安排。多数的数学作业，大多是当天布置，要求学生必须第二天完成，对于实践性作业，教师要视作业的实际情况，有灵活的上交时间。如在学习了统计的知识后，教师设计的作业为：统计自己家里一个月使用塑料垃圾袋的数量，并用适当的统计图表呈现出来，在此基础上，从环保的角度出发，给家长提一条合理化建议。学生完成作业需要记录一个月垃圾袋的使用情况，教师给学生完成作业的时间至少要在五六周左右，学生才有可能如实记录，并完成统计和分析工作，进而保质保量地完成实践性作业，使得学生数学核心素养的培育真正落到实处。

第五节　分层教学与数学教学设计

数学相对于其他学科来说是比较难学的，在教学实践中数学老师也可以发现数学是比较难教的，这是由于学生的数学基础参差不齐造成的。数学老师常常有这样的感触，对于老师精心准备的每堂数学课，有的学生感觉太容易，有的学生感觉太难，出现有的学生吃不饱、有的学生吃不消现象。这样的课堂持续下去，后果就是学生的学习兴趣和积极性受到严重打击，教学效果越来越低。那么我们应该怎样解决这样的恶性循环呢？分层教学就是很好的解决办法。

一、数学教学中分层教学的实施前提

（一）智力与非智力因素的影响

每个学生的智力、学习能力、接受能力、学习兴趣等都是不同的，学生学习数学就会受到智力因素和非智力因素的影响，学生的个体差异性就必然要求数学课教学中应该实施分层教学。而实际上分层教学也是符合素质教育的发展趋势的。

（二）提高学生的思想认识

数学教学的授课方式和教学要求是分层次进行的，这样的教学方式会引起数学成绩差的学生产生自卑感，他们会认为教学接受的方法和优等生不一样，感觉到老师不再管他们了。这样就会导致差生自暴自弃，学习的信心快速地下降，甚至消失。对于学习好的学生来说，他们会认为教学方法与差生的不一样，就会产生很强的优越感，有的就会骄傲自大，学习的主动性和积极性就会降低，那么最后的结果就是学习的退步。因此，在实施分层教学前要对学生进行思想教育，让他们认识到分层教学的必然性和必要性，并告诉他们分层教学的对象不是一成不变的，只要基础差的学生能跟上，能达到优等生的数学水平，那么他们也是可以和优等生接受相同的教学方法的；如果优等生退步了，就会和差生接受相同的教学方法。学生的认识提高了，就会力争上游，就会努力学习，就会产生拼搏精神。

二、对分层教学的对象进行分类

对分层教学的对象进行分类不是为了把学生分成三六九等，而是为了了解不同学生具有的学习基础、接受能力等，从而把他们分成几类，每类学生应该采用什么样的教学方法去教。这在客观上把分层教学的对象划分得更科学，从而使不同层次的学生都能得到进步。可根据数学基础的不同、数学考试成绩的不同、学习态度的不同、理解和接受能力的不同，把全班的学生大致划分为三个群体：

（1）数学成绩较差的、数学的基础知识和理解能力较弱的、没有学习数学的信心的，更缺乏学习的主动性和积极性的学生作为一个群体。

（2）数学成绩处于中等水平，但有一定的学习自觉性和上进心，理解能力和接受能力还可以的学生作为第二个群体。

（3）数学成绩比较优秀而且成绩能保持稳定，具有积极的上进心，自我学习的能力很强，数学知识比较扎实，理解能力和接受能力都很强的学生作为第三个群体。

这样把全班学生分成优、中、差三类的分类方法，能更好地对不同层次的学生进行因材施教，从而充分发挥出分层教学的优势。

三、分层教学目标和任务的制定

分层教学就是对不同层次的学生实施不同的教学方法，从而使不同层次的学生达到不同的教学目标和任务。针对三个层次的教学对象制定的教学目标和任务分别为：对于数学成绩差的学生，要采取一切教学手段使他们对数学的学习感兴趣，帮助他们学会应用正确的方法学习数学，巩固他们的数学基础知识，并教给他们解题的方法，让他们养成良好的学习习惯。对于数学成绩中等的学生，在学生掌握数学基础知识的前提下，多教给他们一些解题的方法和技巧，提高他们对定理、原理、公式的理解和运用，从而使他们的解题能力得到更进一步的提高。对于数学成绩好的学生，要拓宽他们的视野和知识面，要多在数学知识的广度和深度上提高学生的能力，加强数学思维能力的训练，增强他们举一反三、一题多解、一题多变的能力。

这样的三类教学目标能从根本上保证不同层次的学生都能从分层教学中得到益处，从而在已有基础上更进一步地提高数学成绩，提高数学的解题能力。

四、每个教学环节中都应实施分层教学

分层教学涉及数学教学的各个环节，在备课、教学、训练、复习、评价等每个环节上都要贯彻分层教学，只有这样的分层教学学生才能从中经历科学与合理的训练和培养，才能增强数学教学的实际效果。

（一）备课

数学教师在备课中要根据教学大纲的内容和课堂的教学目标，考虑到不同层次学生的实际情况，准备好不同的教学内容、不同的教学方法，保证课堂实施的分层教学能够顺利地开展。

（二）教学

教师应熟练掌握教学大纲和每节课的授课内容，在对知识的讲解上要能把握好分层教学对象对深度和广度的不同要求，以使大多数学生能掌握课本上的基础知识和解题需要的基本技能，并能运用概念、定理、公式等解决简单的数学问题。除让学生掌握好基础知识外，更要培养和提高他们的数学学习兴趣，告诉他们一些学习数学的方法，这样就能在一定程度上培养和提高学生的数学能力。对于吃不饱或吃不消的学生，可以通过一些特别的教学环节对他们进行一定的辅导，从而消除两个极端。

（三）训练

在习题的训练中可通过对习题的深度、考查的范围、数量的多少进行控制达到分层教学的目的，更可以指定那个层次的学生练习对应层次的试题。数学基础差的学生可练习的习题应强调对基础知识的运用和基本技能的掌握。对于成绩中等的学生，习题的训练要能在掌握双基的基础上，提高习题的难度，以促使他们能够熟练运用学到的数学知识解题。对于成绩好的学生的习题训练，可减少习题的数量，但要加大习题的难度，多布置一些创新性的试题，增加他们的思维过程，让他们进行更多的探索与研究。

（四）评价

对学生最好的评价方式就是考试，通过考试可以了解学生对知识的掌握程度。对于这三类学生在出题时，要难度分开，不同层次的教学对象给予不同难度的试题，这样能增强中等生和差生的学习信心，能使他们感觉到他们真的进步了；优等生就会认为要想考试得到高分，还得努力学习。

总之，分层教学能使因材施教得到更好的贯彻，可使不同层次的学生都能从教学中获得益处，从而在原有基础上达到不同程度的提高。而我们也应认识到提高学生对分层教学的思想认识也是非常必要的，只有提高了学生的认识才能保证分层教学的顺利实施和得到应有的教学效果。

第五章　数学教学语言评析

数学课堂教学的语言既是数学思维的工具，又是师生表达和交流信息、情感的工具，它是由数学学科独有的数学语言和一般课堂教学所需的交流语言两个基本部分组成的。一堂高质量的数学课必然要求教师具备扎实的数学教学语言基本功。

本章主要介绍数学课堂教学语言的构成及其功能、数学课堂教学语言使用的基本要求、数学课堂教学语言的操作技能等三个方面的内容。

第一节　数学课堂教学语言的衔接

数学属于逻辑思维要求较高的学科，在课堂教学过程中教师不仅要让学生理解数学概念，形成思考并解决问题的能力，还需要考虑怎样利用语言处理好各个教学环节的过渡问题。为了更好地组织课堂教学活动，教师必须认识到语言衔接的重要性，并身体力行地反思教学，形成一定的能力。

一、数学课堂语言衔接存在的问题

（一）语言衔接意识薄弱

数学课堂上很多教师对课堂语言衔接问题重视不够，对语言衔接的意义理解不深。具体表现在：第一，教师在进行课堂设计的时候不会设计过渡性的语言内容，也不会设计过渡性的教学内容；教师平时在授课时对于衔接语言的处理问题不会做出固定的反思；教师针对课堂语言衔接问题的学习更是少之又少。第二，很多教师觉得数学课堂无论怎样改革都要考虑到知识传授的完整性，所以将重点放到了知识点的传授上，不断思考用怎样的语言来解释数学理论，培养学生的数学能力，而对于如何更好地形成语言衔接，没有深入思考。第三，教师觉得语言衔接能够让自己的课堂变得更加精彩，所以就利用洋洋洒洒、精雕细琢地语言来处理课堂过渡，这样反而喧宾夺主，没有起到良好的教学效果，这也是对课堂语言衔接理解不够所造成的。

（二）语言衔接忽视学生思维

数学属于抽象逻辑思维的产物，所以在具体的语言衔接上教师要考虑到学生的思维模式。但目前很多课堂教学上教师所组织的语言衔接没有依循学生的思维逻辑，反而是以教师的思维为主，以教师对课堂程序的想法为主。

（三）语言衔接策略欠缺

数学课堂上语言的衔接处理有多种策略，但教师往往缺乏这方面的思考，很容易走入误区。具体表现在：第一，长期使用固定的语言衔接模式，甚至学生都知道教师将会怎样说。第二，语言衔接没有考虑到具体的情境。语言的衔接要根据课堂的动态情况进行灵活制定与运用，但很多教师不知道怎样灵活运用，甚至忽视课堂气氛和原有的教学情境，使得语言衔接问题处理不当。

二、数学课堂语言衔接的实施对策

（一）明确课堂语言衔接的必要性

为了转变语言衔接意识薄弱的实际问题，教师必须要明确数学课堂上语言衔接的重要性。首先，要明确数学在新一轮教学改革的指导下丰富了内容，主体的教学线索更多，所以教师必须要学会灵活运用语言，能够将丰富的数学知识用自己的语言串联起来，这样才能够实现从理论知识、能力培养到知识拓展的有效过渡。其次，数学语言多属于抽象的语言体系，一味地接触这些抽象的语言，学生会产生厌烦的心理，所以教师必须要指导学生进行数学知识生活化的思考，多利用衔接语言，形成生活化数学的渗透。另外，教师要不断提升自身素质，树立新课程理念，学习课堂语言的组织方式与方法，丰富知识储备，这样才能更好地设计课堂衔接语。

（二）衔接好学生思维

为了解决语言衔接忽视学生思维的问题，教师要重视课堂上对学生思维模式的尊重，具体做法如下：第一，利用旧知识衔接新知识。新旧知识的衔接处理长期应用在数学课堂上，也取得了较好的学习效果，教师应该持续应用这种教学模式，但是在语言组织上要注意好衔接处理。第二，教师要善于利用新知识，挖掘新内容。通过语言的衔接处理，教师可以将新授课的知识体系进行适当的拓展，保证数学学习过程中核心素养的培养。

（三）落实语言衔接策略

落实语言衔接的具体策略，帮助教师掌握基本的衔接语言方式方法。第一，引入式衔接语。在课堂教学过程中利用多媒体设计情境，然后以合适风趣的语言引入课题，形成衔接。第二，直入式衔接语。教师对有此教学内容可以直接点起，明确告知学生。第三，设疑式衔接语。教师根据内容及其联系创设一连串与所学知识紧密相关的问题，实现课堂教学内容的转换和课堂整体结构安排的天衣无缝，设疑使学生始终保持渴望、追求的心理状态，启发学生积极思考。第四，小结式衔接。对上一部分的知识进行总结，然后提出新的问题，形成总结反思，再思考的思维模式。

综上所述，数学课堂上语言衔接的重要性不言而喻，为了解决实际的课堂教学问题，在衔接语的处理上要明确课堂语言衔接的必要性；衔接好学生思维；落实语言衔接策略。

第二节　三种数学课堂语言

数学课堂教学过程就是数学知识的传递过程。在整个课堂教学过程中，数学知识的传递、学生接受知识情况的反馈、师生间的情感交流等，都必须依靠语言。苏霍姆林斯基深刻地说道：教师的语言修养在极大程度上决定着学生在课堂上脑力劳动的效率。教师的语言表达方式和质量直接影响着学生对知识的接受，教师语言的情感引发着学生的情感，所以说教师的语言艺术是课堂教学艺术的核心。

教师的课堂语言可以分为：文字语言、肢体语言、情感语言三种。准确、严谨、简约的文字语言、规范自如的肢体语言、慷慨深沉的情感语言，能让数学科学在课堂上熠熠生辉，让学生既学会了知识，又学会了欣赏世界。

一、文字语言——约而达，微而臧，罕譬而喻

数学课堂的文字语言有何标准？仁者见仁，智者见智。我国战国时代教育名著《礼记·学记》中说："善教者，使人继其志；其言也，约而达，微而臧，罕譬而喻。"笔者从中受到启发，认为数学课堂的文字语言应该准、严、简。

准要准到"一字不差"。数学是一门科学，数学名词、概念、规律、数学现象和事物的遣词造句都是经过几代人的反复推敲和不断论证确定下来的，表述已经比较精确，前后颠倒、多一字少一字都是不行的。

严要严谨到"咬文嚼字"。数学教师要严格按照教材，紧扣课本，而学生传授原汁原味的科学。例如，为了突出点到直线的距离的含义，把"点到直线的距离"说成"点到直线的垂直距离"，使部分学生误以为点到直线的距离除了垂直距离，还有非垂直距离。这样的语言就是不严谨的

教师在授课时必须用科学的术语来授课，不能用土话或方言来表达概念、法则、性质等，否则就失去了数学科学的严密性和科学性。例如，不能把"垂线"讲成"垂直向下的线"，不能把"最简分数"说成"最简单的分数"等。

简即要简练。"言不在多，达意则灵"，语言要做到精练，教师在课前要反复揣摩，仔细推敲语言的取舍，既不重复啰唆、拖泥带水，又能言简意赅地传达信息。能用一句话讲清楚就不用两句，如果话语太多太快，学生就会无所适从，茫然不解。适当的发挥是必要的，但东拉西扯、滔滔不绝，"这个""是吧""嗯""啊"等口头禅的出现，都会分散学生的注意力，于学习无补。甚至有时课堂上教师需要保持沉默，给学生留下思考的时间和讨论的空间。"多则惑，少则得"，精练的语言能让学生学习更有效率。

简练的语言要步步为营、环环相扣。数学语言的设计要遵循学生的认知规律，从学生的实际出发，有目的地将所授知识内容设问置疑，造成悬念，唤起学生强烈的求知性。例如勾股定理，用自然语言需表述一大段话，而用数学语言则简单明了，大大缩短了语言表达的长度，使叙述、计算和推理更清晰、明确。

美即要有艺术性。数学本身就是一幅幅瑰丽的画卷，教师要用美的语言创设活

灵活现的情境，使得学生学知识、陶情操两不误。据说陈景润的教师曾经用诗一般的语言向学生介绍了哥德巴赫猜想：自然科学的皇后是数学，数学的皇冠是数论，而哥德巴赫猜想则是皇冠上的明珠。他还意味深长地说："昨天晚上，我做了一个梦，梦见你们中的一位同学了不得，他证明了哥德巴赫猜想。"[①]这句话产生的神奇的力量，激励陈景润开始进行摘取皇冠明珠的万里长征，他矢志不渝，百折不回，终于创造了数学研究的辉煌成就。

美不仅要有艺术性，还要兼备实用性。数学课本总是通过定义、命题、定理、推论等展开其基本内容。实行素质教育的今天，要求学生不但要知其然，而且还要知其所以然。在平时的教学过程中，数学规律的探索、归纳构成了课堂的主阵地。归纳的结论如何掌握、应用，学生面临的困难在所难免。如何让学生能够轻松愉快地掌握数学结论，教师要有自己创造性的理解和发挥，让学生感受到数学的美。

二、肢体语言——此时无声胜有声

在信息的传递中，55%的内容来自说话者的姿态、表情和动作，即肢体语言。教师的一个细微的习惯性动作，一个不经意的肢体语言，往往体现了他的文化修养、生活阅历、个性特征，很容易唤起学生的情感活动。符合学生审美要求的肢体语言能刺激学生的动觉快感，往往能达到身心愉悦，有"此时无声胜有声"之效。在课堂教学中，手势使用得当，可以增强语言力度，强化要传授的数学知识，给课堂增添亮色和活力。课堂上教师的肢体语言传给学生的信息应该是热诚、欣赏、轻松、自然的，随着教学内容的变化而变化。肢体语言是一种修养，一种气质。数学教师的肢体语言与众不同的是手势语言。生动有效的数学手势是学生眼中亮丽的风景线，必须规范、准确、自如地传给学生，甚至需要让学生掌握一些简单基本手势语言来帮助他们理解和识记知识。

手势语言还有一个重要的方面就是板书。经过设计的脉络清晰的板书给学生以美感，也无形中给学生做了作业示范，能大大增强记忆效果。数学课堂的板书方法很多，如表格法、纲要法。人的左脑是语言脑，右脑是形象脑，人们接受形象信息的量是语言信息的好多倍，图像教学对开发智力、提高学生应对以图像为载体的考题解题能力大有裨益。教师在课堂上边讲边画，学生听、看、写、画、想，不知不觉中既学会了知识，又有无穷的情趣。

---

① 陈景润.数论概貌［M］.哈尔滨：哈尔滨工业大学出版社，2011.

三、情感语言—未成曲调先有情

数学教学既是知识性、思想性、艺术性的统一，也是知识教育、情感教育、行为教育的结合。最高超的教育艺术是使学生在未意识到的教育中接受教育，这就要求数学教师将知识和丰富多样的情感进行有机结合，将情感不着痕迹地渗透在知识中。这样，学生就会不由自主地与教师的喜怒哀乐发生共鸣，达到"未成曲调先有情"的境界。数学教师应该将什么样的情感传递给学生呢？应该是强烈的社会责任感、探索真理的勇气、"先天下之忧而忧"的开阔胸襟。

培养学生强烈的社会责任感，树立科学的人生观、价值观和可持续发展的观念，鼓励他们为构建共同的美好家园而努力；向学生真实地展示数学科学的成就，引导学生欣赏和认识这个世界，勇于探索真理，有"先天下之忧而忧"的博大情怀。

问题的解决贯穿于数学学习的始终，碰到问题在所难免。面对问题时学生的表现不尽相同：有的努力思考，有的畏难放弃。教师在这个时候要给选择放弃或将要放弃的学生鼓励和支持，除了解题方法的点拨和指导，更重要的是培养学生敢于面对问题、解决问题的勇气。课堂上教师还要及时注意学生的听课情绪，透过学生的眼神、情态去识别他们丰富的表情，捕捉他们那灵活跳跃的思想火花，推测和判断他们对教师输出的知识信息是否理解、满意、有兴趣、有疑问，进而迅速调整自己的情绪。不同的教学内容，教师应表现出不同的情感，或自豪，或严肃忧虑，或充满信心，真正用情去讲授，与学生一起达到探秘的境界。

第三节　数学课堂教学的语言艺术

一、数学教学语言的科学性

数学是一门系统性很严密的学科，必须把科学性放在首位，因此数学语言的特点是严密、准确、精练、逻辑性强。往往一字之差，会有不同的含义，如"数"与"数字"、"增加"与"增加到"、"数位"与"位数"、"除"与"除以"、"扩大"与"扩大到"等。因此，数学教师的教学语言错误，会导致教学失败的结果。优秀数学教师的语言准确、精练，"像敲锣打鼓——声声入耳"。数学教师要保证教学语言的科学性，必须提高数学专业知识水平，特别是数学概念，要分辨清楚，不能有一点含糊，这是数学教师最重要的基本功。

二、数学语言要准确规范、严谨简约

数学教师对定义、定理、公式等的叙述要准确规范，不应使学生产生疑问和误解。教学要做到如下两条：一是对概念的实质和术语的含义必须要有透彻的了解。二是必须用科学的术语授课，不能用变通的语言来表达概念、法则、性质等。比如，不能把"垂线"讲成"垂直向下的线"，不能把"最简分数"说成最简单的分数等。

严谨，除具有准确性之外，还应有规范化的要求，如吐字清晰、读句分明、坚持用普通话教学等。简约，就是教学语言要干净利索，重要语句不冗长，要抓住重点，简洁概括，有的放矢；要根据学生的年龄特点，让他们容易接受和理解的话语；要准确无误，不绕圈子，用最短的时间传递最多的信息。有的教师"口头禅"太多，分散了学生的注意力，破坏了教学语言的连贯和流畅，有的教师语言重复，拖泥带水，浪费了课堂有限宝贵的时间，影响了学生学习的积极性。

三、数学语言的启发性

教师的教学主要为了让学生学会学习，着重发展学生的思维能力，这就要求教学语言应当耐人寻味、发人深思，达到富有启发性的效果。为了激发学生的尝试精神，教师要用鼓励的语言去启发学生，如这道题教师还没有教，谁会算？"你们想不想试一试？自己来解决？""我相信你们能自己想出来，能不能想出更好的解法？""看谁想出的解法最多"等。教师应注意把握启发的程度，做到"不愤不启，不悱不发"，抓住时机启发，才能充分发挥教学语言的启发作用。

四、数学教学语言的逻辑性

数学是一门系统性逻辑性很强的学科，数学教学语言，不但要有科学性，还必须有逻辑性。数学语言逻辑性主要表现在两方面：一是语言本身要准确、简练；二是语言条理清晰，前后一致，层次清楚。教学语言的内在逻辑性，可以增强说服力和论证性。优秀数学教师的语言非常简练，逻辑性强，用"最简练的语言表现最丰富的内容"。这要求教师能够熟练掌握教材，紧扣教学重点，有针对性地进行讲解。教师讲话要特别注意避免言不及义的废话、不着边际的空话和不必要的重复，要做到意思明确、层次清楚、内容完整。

五、教学语言要幽默风趣，比喻恰当

幽默是一种较高的语言境界，它富有情趣，意味深长。数学教师的语言幽默，其作用是多方面的。首先，可以激活课堂气氛，调节学生情绪。学生心情舒畅地学习与惶恐畏惧地学习，其效果是大不相同的。教师要善于借助幽默的语言去营造有利于师生情感沟通的课堂气氛，针对学生不注意分析已知条件、忽略隐含条件而引发的错误解题思路，要用幽默、委婉的语言加以指出，增强学生的认知。其次，可以提高批评的效果，巧妙运用批评性的语言，建立和谐、民主、平等的师生关系，让课堂违纪的学生心悦诚服。假如教师在课堂上遇到某些特殊情况时，控制不住自己的情绪和理智，动辄对学生发火训斥，其弊端是非常明显的。如果用幽默的语言来处理，其作用和效果就大不一样。最后，幽默可以启发学生的智慧，提高思维的质量。课堂教学的幽默，应与深刻的见解、新鲜的知识结伴而行，让学生产生会心的微笑，获得美感享受。

六、数学语言的灵活性

教学语言的对象感是很强的，因此，针对学生的不同年龄特征和个性差异，教师要运用不同的语言形式；针对不同的教学内容，教师要用不同的语言去表达；针对不同时间、不同场合，教师要用不同的语气、节奏讲话。由于课堂教学语言具有机智灵活性，根据不同的对象、不同的情况，及时调节教学语言的速度、基调、音量、节奏、语气等，这能显示教师的教学语言艺术水平的高低。"教学语言要做到优美生动，除了知识素养、语言技巧之外，还必须倾注充沛、真挚的感情。情动手中而言溢于表，只有对所教学科、所教对象倾注满腔热情，教学语言才能充分显示其生命力，熠熠放光彩，打动学生的心，使学生产生强烈的共鸣，受到强烈的感染"[①]。

教师的课堂语言艺术多种多样，远不止上述几点。精练而富有启发性的语言仿佛一杯甘醇透香的浓茶，引导学生去思索和久久地回味；幽默而轻松的语言犹如课

---

① 于漪.愿你的语言"粘"住学生——浅议教学语言 [J].人民教育,1983(10):52-55.

堂上徐徐吹过的三月春风，为课堂增添了几分乐趣，醒脑益智且提神。教师应熟练驾驭自己的教学语言，优化和丰富自己的教学语言，使之富有亲和力，学生就会在潜移默化的感染中受到熏陶、激励和鼓舞；教师通过自己"艺术化"的语言在课堂上尽情挥洒点石成金，教得轻松且自信，学生会在课堂上引耳倾听，学习、顿悟、提高，最终能体会到自主学习带来的乐趣。

　　教学语言艺术是教学艺术中重要的组成部分，是教师主要的教学手段，是体现教师主导作用的重要工具，是提高教学质量和效率的重要保证。语言是传递信息、表情达意的工具，也是课堂上师生双边交流和沟通的桥梁。"话说得好会如实地达意，使听者感到舒适，产生美感，这样的说话，就成了艺术。"

第四节　数学课堂语言组织的艺术性

　　语言是一种传递思想、表达情感的重要工具，同时也是沟通的桥梁。数学教师需要运用艺术性的语言来将知识传递给学生，这样不仅可以增进良好的师生情谊，还可以加强学生对数学学习的自信心。新课改重点强调了学生主体发展与教师促进者的作用，所以，教师需要提升自身教学语言的艺术性。

一、提问语言的启发性

　　提问是课堂教学的重要环节，合理的提问方式可以引导学生往正确的方向思考，不合理的提问会影响学生的思维发散，进而降低课堂学习的积极性与主动性。提问的有效性取决于提问内容，提问语言的启发性是一个十分重要的因素。

二、在评判中渗透激励化的语言

　　学生是课堂教学的主人，而教师是课堂教学的组织者。教师在向学生传递知识的过程中，需要用自己的教学语言明确进行表达，进而激励学生积极主动地进行学习。在学习过程中，心理因素对学生来讲十分重要，学生十分在意教师对自己的评价。在课堂教学中，有时候教师的一句评语就会影响学生的上课情绪。基于此，数学教师可以将无意的评语转为具有激励作用的有意评语，这样不仅可以提升学生对数学知识的学习兴趣，同时还可以提升课堂教学的有效性。

例如在提问时学生回答错误时，教师切不可一味地批评指责，这样会导致学生上课情绪始终保持紧张。教师应该给予学生和善的目光、激励的语言，可以对学生说："你的回答很特别，但是与这一问题有些许偏差，你可以换一个角度思考。"这样的评价方式可以使学生的情绪放松，同时还进一步激励了学生从另一个角度来思考问题，进而找到答案。在学生回答正确时，教师可以说："你真棒！"这样简单的评语可以有效增强学生的自信心。如果教师一味地指责学生，就会使其思维停滞，形成恶性循环，课堂教学也会变成一言堂。激励性的评语也是点评，但与指责相比起到的作用是不同的。所以，数学教师需要认识到激励性语言的重要性，有效地使用语言不仅可以帮助学生树立信心，同时还可以使学生没有负担地进行学习。

三、总结归纳语言要合理、精练

总结归纳是数学课堂教学的重要内容，也是教学基础。在课堂即将结束的时候，学生学习到的内容需要教师进行总结，这样可以巩固学生对知识的掌握，了解知识要领。另外，学生学习完成一节课以后，掌握了哪种学习方法和哪些地方存在欠缺，教师也需要进行总结，让学生清楚以后学习需要努力的地方。对于知识的总结与归纳，教师的组织语言需要经过深思熟虑，让总结语言符合逻辑性与科学性。

在数学课堂教学中，教师的语言需要具备紧密性与科学性，说话是一门艺术，某著名教育家曾经说过："教师的嘴就是一个源泉，从那里可以发出知识的溪流。"[①] 这句话说明教师在课堂教学中语言的重要作用，不仅可以加强学生对知识的理解与掌握，同时还可以提升学生对知识学习的兴趣。在数学课堂教学中，教师需要不断提升自身修养和素质，用严谨且艺术性的语言来开展课堂教学，使学生在数学课堂学习中不再是枯燥乏味地接受理论知识，而是心情愉快地投入学习。

---

① ［捷］夸美纽斯. 大教学论［M］. 傅任敢，译. 北京：教育科学出版社，1999.

第六章　数学应用素质的培养

第一节　数学应用意识概述

一、数学应用意识的界定

（一）意识的含义

意识是心理反应的最高形式，是人所特有的心理现象。但心理学家对意识至今尚无一个统一的定义。我国心理学教授潘菽认为意识就是认识。具体地说，一个人在某一时刻的意识就是这个人在那个时刻对生活实践中某些客观事物的感觉、知觉、想象和思维等的全部认识活动。如果只有感觉和知觉而没有思维方面的认识活动，就不会有意识。例如，我们听到了呼唤声，此时在心理上可能会有两种反应。一是我们只是听到了一种声音，由于当时正集中精力从事某种工作，并未理会是一种什么声音，因而可能"听而不闻"。另一种情况是，我们不仅听到了声音，而且知道是对自己的呼唤，并且做出相应的应答反应。在前一种情况下，虽然有某种感觉产生，但不能说有意识。只有在第二种情况下，才能够说我们是有意识的。

（二）数学应用意识的内涵

数学应用意识本质上就是一种认识活动，是主体主动从数学的角度观察事物、阐述现象、分析问题，用数学的语言、知识、思想方法描述、理解和解决各种问题的心理倾向性。它基于对数学基础性特点和应用价值的认识，每遇到可以数学化的现实问题都会产生用数学知识和数学思想方法尝试去解决的想法，并且能很快按照科学合理的思维路径，找到一种较佳的数学方法解决它，体现运用数学的观念、方法解决现实问题的主动性。教育部《普通高中数学课程标准（实验）》（2020年修订版）关于数学应用意识的刻画，为我们理解数学应用意识提供了依据。具体包括三个方面：

1. 无论从数学的产生还是发展来看，数学与现实生活都有着密不可分的联系。

数学推动了信息化社会的发展，推动了科学技术的进步，被广泛应用于现实世界的各个领域。在数学学习中，只有当学生能主动认识到数学存在于现实生活之中，数学知识才能广泛应用于现实世界。也就是说，只有将数学与生活联系起来，学生才能够切实体会到数学的应用价值，从而充分调动起学习的积极性；才有可能主动地把获得的数学知识、数学思想方法用于解决现实生活问题。

2. 面对实际问题时，能主动尝试着从数学的角度运用所学知识和方法，寻求解决问题的策略。

现实世界有许多现象和问题隐含着一定的数学规律，要解决这样的问题，首先需要我们从数学的角度去发现，去探索。如果缺乏应用数学的意识，就会对这些现象和问题视而不见，也就很难解决它们。就像抛硬币这一简单现象，如果人们不能主动地从数学角度研究硬币落下来的规律，那么也就永远无法明白到硬币落下时正面朝上与反面朝上的概率相同的事实。可以说，面对实际问题，能够主动尝试从数学角度出发，运用所学的数学知识和方法寻求解决问题的策略，是数学应用意识的重要体现。

3. 面对新的数学知识时，能主动地寻找其实际背景，并探索其应用价值。

目前，很多教师都注意在引入新知识时，提供一两个实际背景，让学生体会到数学源于生活，但仅仅如此还不够。如果抛开教师提供的实际背景，学生依然无法找到所学知识与现实生活的其他联系，也就无法感受到新知识的应用价值，这显然不利于应用意识的形成。因此，引导学生主动地探求数学知识的实际背景，是增强他们应用意识的重要一环。

事实上，现代生活中处处充满着数学，如天气预报中出现的降水概率，日常生活中的购物、购房，股票交易、参加保险等投资活动中所采取的方案策略，外出旅游中的路线选择，房屋的装修设计和装修费用的估算等都与数学有着密切的联系。培养学生具有较强的数学应用意识，不仅要使他们在面对实际问题时，能主动尝试着从数学的角度，运用所学的知识和方法寻求解决问题的策略，而且在面对新的数学知识时，能主动寻找其实际背景，并探索其应用价值。

二、培养学生数学应用意识的必要性

（一）改善数学教育现状的需要

我国的数学教育在培养社会所需的人才方面有重要的作用，如教育关注学生的智力发展，数学科学就展现了其他自然科学无法比拟的优势。"数学是思维的体操""数学是智力的磨砺石"已得到公认。但是，我国目前的数学教育现状已不能适应人才市场的需求，主要反映在课程安排片面强调学科的传统体系，忽视相关学科的综合和创新，教学模式陈旧，课程内容缺少与"生活经验、社会实际"的联系，没有很好地体现数学的背景和应用；教学过程中重知识灌输、轻实践能力的状况仍很普遍，对学生应用能力的培养以及创新精神、创业能力的培养重视程度不够。

数学意识是判断一个学生是否具备数学素质的首要条件，它从本质上包含学生应用数学的意识，而这恰恰是我国数学教育在应试体制下长期被忽略的。因此，我们的数学教师必须有一种危机感，在教学中应切实实现培养学生应用意识的教育目标。

（二）适应数学内涵的变革

20世纪以前，从古希腊开始，纯粹数学一直占据数学科学的核心地位，它主要研究事物的量的关系和空间形式，以追求概念的抽象与严谨、命题的简洁与完美作为数学真谛。在很长一段时间里，人们普遍认为，只有纯粹数学的概念和演绎法才是对客观世界真理的一种强有力的揭示，是认识世界的工具。而应用数学主要是指从自然现象、社会现象等的研究中产生并着眼于直接解决实际问题的数学，如最优化理论、应用统计等学科。20世纪以后，这种状况发生了根本改变，数学以空前的广度与深度向其他科学技术和人类知识领域渗透，再加上电子计算机的推波助澜，数学的应用扩大了传统的范围，正在向包括从粒子物理到生命科学、从航空技术到地质勘探在内的一切科技领域进军，乃至向人类几乎所有的知识领域渗透。这一切都证明数学本身的性质正在经历一场脱胎换骨的变革，人们对"数学是什么"有了重新的认识，即从某种意义上说，数学的抽象性、逻辑性是对数学内部而言的，数学的应用性是对数学外部而言的。人类认识与理解宇宙世界的变化，显然应该从同一核心出发向两个方向（数学的内部和数学的外部）前进。因此，数学教育应该增强数学应用，提高学生的应用意识，改变数学教育只重视数学内部发展需要的倾向。

（三）促进建构主义学习观的形成

建构主义学习观认为，数学学习并非是对外部信息的被动接受，而是一个以学习者已有的知识与经验为基础的主动建构的过程。建构理论强调认识主体内在的思维建构活动，与素质教育重视人的发展是相一致的。现今的数学教育改革，以建构主义理论为指导，强调数学学习的主动性、建构性、累积性、顺应性和社会性。其中前四项受认知主体影响较大，而社会性是指主体的建构活动必然要受到外部环境的制约和影响，特别是受学生生活的社会环境的影响。随着科学技术的飞速发展，学生的生活环境、社会环境与过去相比发生了较大的变化。科学技术的发展使学生的生活质量普遍提高，同时，报纸、杂志、电视、广播及计算机网络等多种大众传媒的普及，扩大了学生获得信息的渠道，开阔了学生的视野，丰富了学生的经验和文化。因此，数学教育的改革不应忽视这些对学生发展的重要影响。

数学的发展，特别是应用数学的发展，使我们感受到数学与现实生活存在着紧密的联系，从诸如计划长途旅行之类的日常家务事，到诸如投资业务之类的重大项目管理，再到科学中各种各样的数据、测量、观测资料等，都可以使学生领略到数学的应用，它虽然不像化学中的分子或生物学中的细胞那样生动有趣，但是作为数、形、算法和变化的科学，它同样对人类具有重要意义。因此，在数学教学中适当增加数学在实际中应用的内容，有利于激发学生的学习动机，提高他们学习的主动性和积极性。学生通过对现实生活中现象与事物的观察、试验、归纳、类比以及概括等手段来积累学习数学的事实材料，并由事实材料中抽象出概念体系，进而建立起对数学理论的认识，当然其中也经历了数学理论是如何应用的过程。这样的学习过程，才符合建构主义对学习的认识。

（四）推动我国数学应用教育的进展

我国数学应用教育的发展在历史上经历了一波三折。原来的数学教育大纲虽然在一定程度上反映出要重视数学应用的思想，但实际上还是把着眼点放在"三大能力"，特别是逻辑思维能力上。当前，我国正处在以经济建设为中心，建立社会主义市场经济体制的时期，世界经济将从工业经济过渡到知识经济，人类已经进入信息时代。随着社会对数学需求的变化，数学应用教育对学生培养的侧重点也有所改变。因此，帮助广大接受数学教育的人员在学习和掌握数学知识和技能的同时，树立起数学的应用意识是数学教育改革的宗旨。正如严士健教授所说："学数学不是只为升学，要让他们认识到数学本身是有用的，让他们碰到问题能想一想：能否用数学解决问题，即应培养学生的应用意识，无应用本领也要有应用意识，有无应用意识是不一样的，有意识遇到问题就会想办法，工具不够就去查。所以要让学生像足球队员上场一样，具有'射门意识'。"① 新一轮数学课程改革已把"发展学生数学应用意识"作为培养理念和总体目标，这就为我国数学应用教育的发展提供了新的契机，也将大力推动我国数学应用教育的进程。

第二节　影响数学应用意识培养的因素剖析

一、教师的数学观

很多研究表明，课程与教材的内容、教育思想等会影响教师的数学观，而教师的数学观又与教师的课程教学有着密切的联系。教师不同的数学观会打造出不同的学习环境，从而影响学生的数学观以及学习结果。传统数学教师的数学观是把数学看成一个与逻辑有关的、有严谨体系的、关于图形和数量的精确运算的一门学科，于是学生所体验到的是数学乃是一大堆法则的集合，数学问题的解决便是选择适当的法则代入，然后得出答案。尽管教师几乎一致强调数学与社会实践以及与日常生活之间的联系，却把在日常生活中有广泛应用的数学如估算、记录、观察、数学决定等方面看成与数学无关。

教师在教学实践中对数学应用的理解，存在以下几种认识：将数学应用等同于会解数学应用题；把数学应用固化为一种绝对的静态的模式；数学应用的教学抛开"双基"让学生去模仿教学，记忆各种应用题模型。事实上，数学应用题是实际问题经过抽象提炼、形式化、重新处理以后而得出的带有明显特殊性的数学问题，它仅

---

① 严士健，陈民众.数学［M］.长沙：湖南教育出版社，1982.

仅是学生了解数学应用的一个窗口，是数学应用的一个阶段。如果把数学应用囿于让学生学会解决各种类型的数学应用题，数学应用将会沦落为一种死板的解题训练，从而失去鲜活的色彩。应该清楚地认识到，对于同一个问题，应用不同的数学知识和方法可能得出不同的结论，从数学观点来看它们都是正确的，哪一个更符合实际要靠实践检验，它是一个可控的、动态的思维过程。因此，我们强调数学应用，绝不是搞实用主义，忽视数学知识的学习，而是注重在应用中学，在学中应用，体现数学"源于生活，寓于生活，用于生活"的数学观。教师之所以会对数学应用存在这样的片面认识，其中一个原因是教师所持有的静态的、绝对主义的数学观和工具主义的数学观。

二、学生的数学观

一般地，数学观是人们对数学的本质、数学思想及数学与周围世界的联系的根本看法和认识。有什么样的世界观就会有什么样的方法论。一个人的数学观支配着他从事数学活动的方式，决定着他用数学处理实际问题的能力，影响着他对数学乃至整个世界的看法。因此，关注学生现有数学观的状况是为了让教师认识到，从建立学生良好数学观角度出发来设计教学活动，才谈得上对学生数学应用意识的培养。高等院校的学生至少应具备如下的数学观：数学与客观世界有密切的联系；数学有广泛的应用；数学是一门反映理性主义、思维方法、美学思想并通过数与形的研究揭示客观世界和谐美、统一美的规律的学科；数学是在探索、发现的过程中不断发展变化的并在学习数学过程中包含尝试、错误、改正与改进的一门学科。

对学生形成现有的数学观的原因可做如下分析："把数学等同于计算。"在我国数学史上，算术和代数的成果比几何要多，即便是几何研究，也偏重于计算。反映在教材上，无论是小学教材，还是中学教材，亦或是大学教材，数学计算内容远多于数学证明内容。

"把数学看成一堆概念和法则的集合。"教师在教学中精讲多练的方式，把注意力更多地放在做题上；复习课本本应帮学生厘清所学的知识结构，却换成难题讲解。久而久之，学生看不到或很少看到概念与概念之间、法则与法则之间、概念与法则之间、章节之间、科目之间所存在着的深刻的内在联系，从而存在上述误解，学生也就难以体会到数学的能力、魅力和价值。

"对数学问题的观念呆板化。"现有资料给学生提供的数学问题，如教科书上的练习题、复习题，或者考试题，都是常规的数学题，都有确定的或唯一的答案，应用题则较少遇到，即使遇到也已经过教师的解剖转化为可识别的或固定的一种题型。

"看不到或很少看到活生生的数学问题。"现实生活中存在着丰富多彩的与数学相关的问题，然而由于各种原因，使得它们与学生的数学世界相隔离，多数学生对这些问题认识肤浅，甚至没有认识，从而严重削弱了学生数学应用意识的形成。

三、数学教材和教学

（一）教材因素

传统的数学教材体系陈旧。20世纪初，中国数学教学受"中学为体，西学为用"的影响，仿照日本；五四运动后，向欧美学习；新中国成立以后，学习苏联。到了20世纪90年代，基本模式还是60年代的思路，许多方面已不适应时代要求和社会发展：教材结构"过于严谨"，体系"过于封闭"，内容"过于抽象"。

现行的数学教材从微观上看，首先是教材中应用题比例过小；其次是教材中现有应用题内容陈旧，非数学的背景材料比较简单，数学结构浅显易见，数学化很直接；最后，现有应用题大多与现实生活无关，与社会发展不同步，不能体现数学在现代生活诸方面的广泛应用。总之，教材中数学的表现形式严谨、抽象，与生活相距太远，即便是少数含有生活背景的数学应用题，经过"数学化"加工，已与现实生活不太贴近，很难体现"数学应用"的真实状态——源于生活、寓于生活、用于生活，不利于学生数学应用意识的形成。

（二）教学因素

受应试教育或其他方面的影响，传统的数学教育既不讲数学是怎么来的，也不讲数学怎么用，而是"掐头去尾烧中段"——推理演算。教学方法过去主要是"注入式"，现在提倡并部分实施启发式，也不过是精讲多练；教学中强调对数学概念的理解以及数学定理、公式的证明和推导，对各种题型进行按部就班的训练，注重学生的记忆和模仿，而忽视从实际出发；对于实际问题的解决，则是通过抽象概括建立数学模型，再通过对模型的分析研究返回到实际问题中去的认识问题和解决问题的训练；对应用题教学，忽视有计划、有针对性的训练，不能把应用意识的培养落实到平时的教学及其每一个环节之中。

任何数学知识都有其发生和发展的过程，教学过程中的"掐头去尾"实际上是剥夺了学生对"数学真实面"理解的机会，学生对数学的认识势必狭隘、片面化。题型的训练短期内会取得一定的效果，但长期如此，学生很难体会到数学真正有用的东西——数学思想方法。这种教学只能将学生培养成考试的"工具"，不可能培养学生具有强烈的数学应用意识。

第三节　培养学生数学应用意识的教学策略

一、教师要确立正确的数学观

前面探讨了影响培养学生数学应用意识的因素，从表面上看，教师对数学应用认识的误区、学生对数学应用的片面认识，以及教材、传统教学的不足等成为教学实践中培养学生数学应用意识的障碍。然而，如果从数学认识的角度出发看这些原因，不难发现矛盾集中在教师对数学的认识上。若教师持有的是静态不变的数学观，则对"数学应用"的认识将存在明显的不足，在这种数学观指导下设计的有关数学应用的教学活动，就难以很好地达到培养学生数学应用意识的目的。

数学课程改革不仅在总体目标上确立"发展学生的应用意识"，同时，也指出了学生在数学学习中应形成对数学的正确认识，特别是数学现代应用发展表现出的基本特点。体现出对数学认识的动态性本质。

学生的数学观是在数学学习的活动中体验和形成的，受教育的各种因素的影响和作用，其中主要影响因素是课堂教学中教师的数学观。教师的数学观是教师教学教育活动的灵魂，它不仅影响着学生数学观的形成，还影响着教师教育观的重构及教师的教育态度和教育行为，进而影响教育的效果。如果教师认为数学是"计算＋推理"的科学，那么他在教学中就会严守数学知识本身的逻辑体系，只会更多地注重数学知识的传授，强调运算能力、逻辑思维能力和空间想象能力的培养，而不去关心数学知识的学习过程及数学应用问题。

是否应该强调数学应用、如何讲数学应用，存在一个观念问题。我国历来就是重视理论联系实际的，数学教材里也设置了一定数量的实际应用题。但在教学实践中却频繁出现了为抓升学率或应付考试而只把它们当作专项题型来练的现象。如果教师应用意识强，那么讲课之中就总能渗透着数学的应用，体现出数学与现实世界的密切联系。因此，只要数学观念问题不解决，即便是讲应用，也并非能突出数学精神。数学应用不应局限在给出数据去套公式那种意义下的应用，它应该包含知识、方法、思想的应用及数学的应用意识。严士健教授指出："教给学生重视应用，不仅是教给学生一种技能，而且有助于培养学生正确认识数学乃至科学的发展道路，认识它们从根本上来说源于实践，同时又发展了自己的独立理论。它们是人类认识世界和改造世界的工具。数学教学内容是人民群众的基本节化素养的一部分，应该让学生具有这种认识。它不仅能培养学生正确的世界观，而且具有非常重要的实际意义。"① 在这样的观念下，有必要认识与数学应用相关的几个问题：

（一）允许非形式化

形式化是数学的基本特征，即应在数学教学中努力体现数学的严谨化推理和演绎化证明。然而从每一个数学概念的建立到每一个定理的发现，非形式化手段都必不可少。但由于人们看到的通常都是数学成果，它们主要表现为逻辑推理，却往往忽视了创造的艰难历程以及使用的非逻辑、非理性的手段。再加上传统教学"掐头去尾烧中段"的特点，恰好忽略了过程，忽略了有关实验、直观推理、形象思维等方面的体验，造成学生对数学只知其一不知其二的现象。在数学的实际应用中，处理的具体问题往往以"非形式化"的方式呈现。如何正确地处理好形式化与非形式化的关系即应被看作数学活动的本质所在。要培养学生的数学应用意识，把形式化看成数学的灵魂这一观念必须发生改变。应正确理解数学理论即形式化的理论事实上只是相应的数学活动的最终产物。数学活动本身必然包含非形式化的成分。这样在数学概念教学中，就应考虑概念直观背景的陈述以及数学直觉的应用。"不要把生动活泼的观念淹没在形式演绎的海洋里"。"非形式化的数学也是数学"，数学教学要从实际出发，从问题出发，开展知识的讲述，最后落实到应用。

（二）强调数学精神、思想、观念的应用

教学中讲数学的应用，侧重于把数学作为工具用于解决那些可数学化的实际问题，事实上，数学中所蕴含的组织化精神、统一建设精神、定量化思想、函数思

① 严士健，陈民众.数学［M］.长沙：湖南教育出版社，1982.

想、系统观念、试验、猜测、模型化、合情推理、系统分析等，都在人们的社会活动中有着广泛的应用。对数学应用的正确认识，必然包括一点：数学应用不是"应用数学"，也不是"应用数学的应用"；不是"数学应用题"，也不是简单的"理论联系实际"，而是一种通识、一种观点、一种意识、一种态度、一种能力，包括运用数学的语言、数学的结论、数学的思想、数学的方法、数学的观念、数学的精神等。

如何在数学应用问题的教学中显示出数学活动的特征，教师的数学观就显得尤为重要。如果教师对数学有以下认识："数学的主要内容是运算"；"数学是有组织的、封闭的演绎体系，其中包含有相互联系的各种结构与真理"；"数学是一个工具箱，有各种事实、规则与技能累积而成，数学是一些互不相关但都有用的规则与事实的集合"①，那么任何生动活泼的数学都会变成静态死板的解题题型训练。无论是"问题解决""数学建模"还是"数学竞赛""数学应用"必然如此。为了应付考试的数学应用题教学有些已变成题型教学训练。如果教师能认识到，"数学是以问题为主导和核心的一个连续发展的学科，在发展过程中，生成各种模式，并提取成为知识"，"数学是一门科学，观察、实验、发现和猜想等是数学的重要实践，尝试和试误、度量和分类是常用的数学技巧"，那么就不难理解数学应用意识的培养不是讲几道应用题就能实现的。教师应注意加强数学与现实世界的密切联系，使学生经历数学化和数学建模这些生动的数学活动过程，这也将会让学生对数学的认识大大改观。

"鸡兔同笼"是中国古代著名趣题之一。大约在 1500 年前，《孙子算经》中就记载了这个有趣的问题。书中是这样叙述的："今有雉兔同笼，上有三十五头，下有九十四足，问雉兔各几何？"这四句话的意思是：有若干只鸡兔同在一个笼子里，从上面数，有 35 个头；从下面数，有 94 只脚。问笼中各有几只鸡和兔？美国宾夕法尼亚州立大学教授杨忠道先生 1988 年撰文回忆②，他小学四年级时的数学教师黄仲迪先生是如何讲授此题的，并认为黄先生讲解的"鸡兔同笼"激起了他本人对数学的兴趣，是他数学工作的起点。黄先生讲解此题不是给人以结论，求鸡兔个数的公式，而是着重于获得结论的过程，引导学生在获得结论的过程中的观察、分析、思考。公式是一个模式，是一个静态的模式，它能解决一种问题，比如此例中的"鸡兔同笼"问题，却是一种静态的应用；而获得结论过程中的观察、分析、思考形成了一种模式，

---

① 姜荣富.数学运算：算法化与思考性［J］.小学数学教师,2021［1］:57-62.

② 杨忠道.浅论点集拓扑、曲面和微分拓扑［M］.长沙：湖南教育出版社,1993.

它可解决一类更广泛的问题，如鸡和九头鸟同笼问题、甲鱼和螃蟹同池塘问题。两者一比，就显出了前者的局限性，而目前的教学正缺乏后者，这与教师的静态的数学观很有关系。

综上所述，从数学应用的实际教学及学生形成的数学观来分析，教师静态的、工具主义的数学观指导下设计的教学有碍于学生应用意识的培养，动态的、文化主义的数学观应受到教师的重视，并努力应用到教学中来指导培养学生应用意识的教学观念。同时，必须把握一点：数学应用不仅是目的，它也是手段，是实现数学教育其他目的不可或缺的重要手段，是提高学生全面素质的有效手段，学生在应用中构建数学、理解数学；在应用中进行价值选择，增强爱国主义情感；在应用中学会创新，求得发展。

二、加强数学语言教学，提高学生的阅读理解能力

数学阅读是一个完整的心理活动过程，它包括语言的感知和认知、新概念的同化和顺应、阅读材料的理解和记忆等各种因素，同时它也是一个不断分析、推理、想象的积极能动的认知过程。这即是说数学阅读是一个提取、加工、重组、抽象和概括信息的动态过程。由于数学语言的高度抽象性，数学阅读需要较强的逻辑思维能力。在阅读过程中，学生必须认识、感知阅读材料中有关的数学术语和符号，理解每个术语和符号，并能正确依照数学原理分析它们之间的逻辑关系，最后达到对材料的本质理解，形成完整的认知结构。

应用题的文字叙述一般都比较长，涉及的知识面也较为广泛。阅读理解题意成为解应用题的第一道关卡，不少学生正是由于读不懂、读不全题意而造成问题解决的障碍。因此，可从以下方面入手：一是要提高学生对于数据和材料的感知能力和对问题形式结构的掌握能力，将实际问题转化为数学问题，然后用数学知识和方法去解决问题。二是要提高阅读理解能力。在具体操作中，告诉学生应耐心细致地阅读，碰到较长的语句在关键词和数据上标注记号以帮助阅读理解，同时必须弄清每一个名词和每一个概念，搞清并理解每一个已知条件和结论的数学意义，挖掘实际问题对所求结论的限制等隐含条件。在读题中，要对问题进行必要的简化，能用精确的数学语言来翻译一些语句，使题目简明、清晰。

三、数学应用意识教学应体现"数学教学是数学活动的教学"

从数学的本质来看，数学是人类的一种创造性活动，是人类寻求对外部物质世界与内部精神世界的一种理解模式，是关于模式与秩序的科学。传统的教学，按严密的逻辑方式展开，使数学成为一堆死板的原则、绝对和封闭的规则体系。这仅仅反映了数学是关于秩序的科学的一面，而数学更是关于模式的科学，是一门充满探索的、动态的、渐进的思维活动的科学。

教学实践中要体现"数学教学是数学活动的教学"，则应把握"数学是一门模式的科学"这一数学本质。具体体现在两个方面：一是数学活动是学生经历数学化过程的活动。数学活动就是学生学习数学，探索、掌握和应用数学知识的活动。简单地说，在数学活动中要有数学思考的含量，数学活动不是一般的活动，而是让学生经历数学化过程的活动。数学化是指学习者从自己的数学现实出发，经过自己的思考，得出有关数学结论的过程。二是数学活动是学生自己建构数学知识的活动。从建构主义角度看，数学学习是指学生自己构建数学知识的活动，在数学活动过程中，学生与教材（文本）及教师产生交互作用，形成了数学知识、技能和能力，发展了情感态度和思维品质。每位数学教师都必须深刻认识到，是学生在学数学，学生应当成为主动探索知识的"建构者"，绝不只是模仿者。不相信学生能建构自己的数学知识结构，不考虑学生作为主体的教，就不会有好的教学结果。

"数学应用"指运用数学知识、数学方法和数学思想来分析研究客观世界的种种表象，并加工整理和获得解决的过程。从广义上讲，学生的数学活动中必然包含着数学的应用。数学应用体现在两个主要方面：一个方面是数学的内部应用，即我们平常的数学基础知识系统的学习；另一个方面是数学的外部应用，即在生活、生产、科研实际问题中的应用。认识了这个问题可以避免在教学中对数学应用出现极端的行为，因为在实际教学中，这两方面的应用都是需要的。数学应用不能等同于"应用数学"，要让学生学会"用数学于现实世界"。要改变目前教学中只讲概念、定义、定理、公式及命题的纯形式化数学的现象，还原数学概念、定理、命题产生及发展的全过程，体现数学思维活动的教学的思想。只有认清这一点，才能在高等数学教育中培养学生的应用意识和能力。

为了使学生经历应用数学的过程，数学教学应努力展现"从问题情境出发，建立模型，寻求结论，应用于推广"的基本过程。针对这一要求，教师应根据学生的认知特点和知识水平，不同学段都要做出这样的安排，使学生认识到数学与现实世界的联系，通过观察、操作、思考、交流等一系列活动逐步发展应用意识，具备初步的实践能力。这个过程的基本思路是：以比较现实的、有趣的或与学生已有知识相联系的问题引起学生的讨论，在解决问题的过程中出现新的知识点或有待于学习的技能，则让学生带着明确的解决问题的目的去了解新知识，形成新技能，反过来解决原先的问题。学生在这个过程中体会数学的整体性，体验策略的多样化，强化了数学应用意识，从而提高解决问题的能力。

比如，"用正方形的纸折出一个无盖的长方体，使其体积最大"这一问题，从学生熟悉的折纸活动开始，进而通过操作、抽象分析和交流，形成问题的代数表达；再通过搜集有关数据，以及对不同数据的归纳，猜测"体积变化与边长变化之间的联系"；最终通过交流与验证等活动，获得问题的解，并对求解的过程进行反思。在这个过程中，学生能够体会到"图形的展开与折叠""字母表示""制作与分析统计图表"等方面知识的联系与综合应用。

在实际教学中，我们应注意以下几点：

第一，切实进行思维全过程、问题解决全过程的教学。从现实背景出发引入新的知识，需要教师讲清知识的来龙去脉，让学生经历发现问题，从数学角度分析问题并探索解决的途径，验证并应用所得结论的全过程，切忌由教师全盘托出。

第二，不能简单把"由实际问题引入数学概念"看作只是"引入数学教学的一种方式"，而应站在数学应用的高度，将它视为实际问题教学地进行思考训练，即把现实问题数学化的过程。

第三，对于数学理论的应用，不能简单地认为其目的只是加深对理论的理解和掌握，而要站在数学应用的高度来认识，其着眼点在于对数学结果的解释与讨论、对用数学解决实际问题的意义和作用的分析。

第四，加强数学应用的教学。教师设计教学时，还应遵循如下原则：

（1）可行性原则。数学应用的教学应与学生所学的数学知识相配合，与现行教材有机结合，与教学要求相符合，与课堂教学进度相一致，不可随意加深、拓宽，形成两套体系教学，加大学生的学习负担，脱离学生的实际。所以，要把握好"切入点"，引导学生在学中用，在用中学。

（2）循序渐进原则。数学应用的教学应考虑学生的认知特点和实际水平，不同学段的学生在数学应用的过程中有不同的侧重，由浅入深，以利于消除学生畏惧数学应用的心理障碍，调动学生的学习积极性，使数学应用教学收到良好的效果。例如，对处于感知和操作阶段的学生，教学中应以学生熟悉的生活、感兴趣的事物为背景提供观察和操作的机会；对已经开始能够理解和表达简单事物的性质、能领会事物之间简单关系的学生，教学中应在结合实际问题时，加强体验数学知识之间的联系，进一步让学生感受数学与现实生活的密切联系；对抽象思维已有一定程度的发展且具有初步推理能力的学生，教学中应更多地运用符号、表达式、图表等数学语言，联系数学以及其他学科的知识，在比较抽象的水平上提出数学问题，加深和扩展学生对数学的理解。

（3）适度性原则。在数学应用的实际教学中应掌握好几个度（难度、深度、量度），避免超度。进行数学应用教学的目的并不是仅仅为了给学生扩充大量的数学课外知识，也不是仅仅为了解决一些具体问题，而是要培养学生的数学应用意识，培养学生的数学素质和数学能力。

四、激发学生学习数学的兴趣，提高学生的数学应用意识

学生对数学的内在兴趣，是学习数学的强大动力。只有当学生对数学产生了浓厚的兴趣，思维达到"兴奋点"，他们才会积极主动地去探究数学问题，带着愉悦、激昂的情绪去面对和克服一切困难，去比较、分析、探索认识对象的发展规律，展现自己的智慧和才干；也只有充分发挥主体的能动作用，才能在数学学习中提高学生的应用意识。在具体的教学中，可采用如下的方法：

（一）创设数学情境

教师应尽量通过给学生提供有趣的、现实的、有意义的和富有挑战性的感性材料创设数学情境，引导学生从中发现问题、提出问题，并在"问题"的驱使下主动探索。数学情境也是促进学生建构良好的认知结构的推动力。

1. 用实际问题引入新课

在课堂教学中，经常用实际问题引入新课，既能消除平铺直叙之弊，又能提高学生的应用意识。同时，也给学生提供一个引人入胜、新奇不绝的学习情境，激发他们对新知的探究热情。如讲授"微分学的应用"之前，可运用"海鲜店李经理的订货难题"这样的实际问题引入新课。

某海鲜店离海港较远，其全部海鲜的采购均通过空运实现。采购部李经理每次

都为订货发愁，因为若一次订货太多，海鲜店所采购的海鲜卖不出去，而卖不出去的海鲜死亡率高且保鲜费用也高。而若一次订货太少，则一个月内订货批次必多，这样会造成订货采购运输费用奇高，还有可能失去一些商机。

李经理为此伤透了脑筋，如果你是李经理的助手，请问你打算怎样帮助他选择订货批量，才能使每月的库存费与订货采购运输费的总和最小？

2. 例题、习题教学中引入丰富的生活情境

弗赖登塔尔的"现实数学"思想认为：数学来源于现实，也必须扎根于现实，并且应用于现实，数学教育如果脱离了那些丰富多彩而又复杂的背景材料，就将成为"无源之水，无本之木"，在例题与习题教学中，教师应根据学生的生活经验，创设逼真的、丰富多彩的生活情境，让学生徜徉在数学知识运用于真实生活的境域之中，从而激发他们浓厚的兴趣，吸引他们更加主动地投入课堂，以更加有利于学生数学应用意识的培养。

3. 创设实验操作的探究情境

教材上一些命题的教学，教师可通过有目的地向学生提供一些研究素材来创设情境，让学生通过自己的观察、实验、作图、运算等实践活动，通过类比、分析、归纳等思维活动，探索规律，建立猜想，然后通过严格的逻辑论证，得到概念、定理、法则、公式等。让学生经历运用数学知识解决问题的成功经验，将会极大地激发他们的学习兴趣，从而有利于培养他们的数学应用意识。

（二）引导学生感受数学应用价值

在数学教学中，教师既应关注学生对于数学基础知识、基本技能以及数学思想方法的掌握，还应该帮助学生拓宽视野，了解数学对于人类发展的价值，特别是它的应用价值，让学生既有知识又有见识。由于数学与现代科技的发展使数学的应用领域不断扩展，其不可忽视的作用被越来越多的人所认同。除工程核物理和化学外，环境科学、神经生理学、DNA 模拟、蛋白质工程、临床实验、流行病学、CT 技术、高清晰度电视、飞机设计、市场预测等领域都需要数学的支持。让学生了解数学的广泛应用，既可以帮助学生了解数学的发展，体会数学的应用价值，激发学生学好数学的勇气和信心，更可以帮助学生领悟数学知识的应用过程。在实际教学中，教师既可以自己搜集有关资料并介绍给学生，也可以鼓励学生自己通过多种渠道搜集数学知识应用的具体案例，并相互交流，增进学习数学的兴趣，提高数学应用意识。

五、重视课堂教学，逐步培养学生数学应用意识

（一）重视介绍数学知识的来龙去脉

数学知识的形成来源于生产实践的需要和数学内部的需要。学生所学知识大都来源于生产实践，包括学生的生活经验，这就为我们从学生的生活实际入手引入新知识从而提供了大量的背景资料。数学教学中应该让学生了解并清除这些数学知识的来龙去脉，充分体验这些知识的数学应用以及它们的应用价值，逐步培养学生的数学应用意识。

（二）鼓励和引导学生数学化思考，提出问题

现实世界的存在形式千姿百态，我们无法看到或读出它的数学表现或描述，而需要我们自己去描述，去发现。只有从数学角度进行描述，找到其中与数学有关的因素，才有可能进一步去探索其中的规律或寻求数学的解决办法。从数学的角度描述客观事物与现象，寻找其中与数学有关的因素，是主动运用数学知识和方法解决实际问题的重要环节。例如，可以鼓励学生从数学的角度描述与出租车有关的数学事实（车费与行驶路程、等候时间、起步价有关；耗油量与行驶路程有关等）。因此，教师在教学中应努力为学生提供尽可能多的具有原始背景的数学问题，让学生自己抽象出其中的数学问题，并用数学语言加以描述。在数学教学中，教师可从以下几个方面来构造问题：

1.注重与日常生活的密切联系

日常生活中的许多问题，如住房、贷款、医疗改革、购物等，都与数学有着密切的联系，教师在数学教学中可以结合教学内容，将这些实际问题充实进去，有利于培养学生的数学应用意识。

2.注重数学知识与社会的联系

数学的内容、思想、方法和语言已经渗透社会生活的各个方面，经济发展离不开数学，高科技发展的基础在于数学。日常教学中可适当增加一些数学与社会现实联系的问题，如人口、资源、环境等社会问题。

3.注重数学与各学科的联系

随着科学技术的迅速发展，数学与各学科的联系越来越紧密，数学作为基本工

具的作用越来越显著。因此在教学中要体现数学与其他学科的联系，多充实一些与其他学科有关的知识，如数学与医学：抓住 CT 与几何学的关系，引出 CT 的数学原理；数学与生物：利用生物学中细胞分裂的实例可加深学生对指数函数的理解。通过这些问题与课本知识的沟通与衔接，既增强了学生利用数学知识的主动性，又提高了学生的创新意识。

4.注重数学与各专业的联系

对高职院校来说，数学是一门基础课程，是学习其他专业课程的基础。在强调"适度，够用"的要求和数学课时数缩减的情况下，数学教学应注重与各专业的联系，有针对性地选择一些与专业相关的问题。比如，对市场营销专业的学生，可向他们介绍一些关于进货优化问题，当需求量随机出现时，选择何种方案能够使总利润最大；对物流专业的学生，可向他们介绍一些与图论有关的实例，如七桥问题、商人过河问题等，使他们了解图论的思想与内容，为以后学习专业知识打下基础；对机电类各专业的学生，可结合导数的应用向他们介绍并讲解速率、线密度等问题。

（三）为学生解决实际问题创造条件和机会

学生不仅生活在学校中，还生活在家庭和社会中，教师可以从学校生活、家庭生活和社会生活中选择有意义的活动让学生参与，或让学生走出课堂，去主动实践。创造机会让学生亲身实践是培养学生数学应用意识的有效手段。

从某种程度上说，课外活动对学生自主性、独立性、选择性、创造性以及应用能力的培养是课堂教学难以替代的。适当地增加课外的专题学习内容，开展研究性活动是对课堂教学一种有益的补充。如给学生布置一些研究性课题：①某商店某一类商品每天毛利润的增减情况；②银行存款中年利率、利息、本息、本金之间的关系；③如何估算某建筑物的高度。让他们围绕这些研究性课题展开调查，尽可能多地让他们了解利息、利率、市场经营以及住房建筑等社会生活知识。然后在教师的启发下，将这些实际问题转化为数学问题并选择适当的方法解决。这类实践活动，首先需要学生明确所要研究的因素以及如何去获取这些因素的相关信息，然后才能设法去搜集相关信息并对这些信息进行加工分析，找出解决问题的具体办法。此时，教学的重点便不再只是停留在数量关系的寻找上，而是侧重于学生的探索研究。一方面积累了学生解决实际问题的社会经验，有利于解应用题的素材积累；另一方面培养了学生主动解决问题的习惯，激发了学生学习数学的兴趣，培养了数学应用意识。

第四节　培养学生数学建模能力的教学策略

数学建模在科学技术发展中的作用越来越受到人们的重视，它已成为现代科技工作者必备的重要能力。培养学生的数学意识及运用数学知识解决实际问题的能力，既是数学教学目标之一，又是提高学生数学素质的基本需要。学生的数学素质主要体现在能否运用数学知识（数学思维）去解决实际问题，以及具备学习新知识的能力和适应社会发展的需要。数学建模是数学问题解决的一种重要形式，从本质上来说，数学建模活动就是创造性活动，数学建模能力就是创新能力的具体体现。数学建模活动就是让学生经历"做数学"的过程，是学生养成动脑习惯和形成数学意识的过程；它为学生提供了自主学习的空间；有助于学生体验数学在解决实际问题中的价值和作用，体验数学与日常生活和其他学科的联系，体验综合运用知识和思想方法解决实际问题的过程，增强应用意识；有助于激发学生学习数学的兴趣，发展学生的创新意识和实践能力。

一、数学建模的含义

数学模型一般是实际事物的一种数学简化。要描述一个实际现象可以有很多种方式，为了使描述更具科学性、逻辑性、客观性和可重复性，人们采用一种普遍认为比较严格的语言来描述各种现象，这种语言就是数学。因此，数学模型是对于现实世界的一个特定对象、一个特定目的，根据特有的内在规律，做出一些必要的假设，运用适当的数学工具，得到的一个数学结构。关于数学模型，目前还没有一个公认的定义。本德认为："数学模型是关于部分现实世界为一定目的而作的抽象、简化的数学结构。"[①] 也有人将数学模型定义为现实对象的数学表现形式，或用数学语言描述的实际现象，是实际现象的一种数学简化。

建立数学模型的过程称为数学建模。数学建模是利用数学方法解决实际问题的一种实践，即通过抽象、简化、假设、引进变量等处理过程后，将实际问题用数学方式表达，建立起数学模型，然后运用先进科学的数学方法及计算机技术进行求解。

---

① ［美］本德.数学模型引论［M］.朱尧臣，徐伟宜译.北京：科学普及出版社，1982.

因此，数学建模就是用数学语言描述实际现象的过程。这里的实际现象既包含具体的自然现象，例如，自由落体现象；也包含抽象的数学现象，例如，顾客对某种商品所持有的价值倾向。这里的描述不仅包括外在形态、内在机制的描述，也包括预测、试验和解释实际现象等内容。

在现实世界中，许多自然科学和社会科学问题，并不是以一个现成数学问题的形式出现的，在数学建模的基础上才有可能利用数学的概念、方法和理论进行深入的分析和研究，从而从定性或定量的角度，为解决现实问题提供精确的数据或可靠的指导。

数学建模是联系数学与实际问题的桥梁，是数学在各个领域广泛应用的媒介，是数学科学技术转化的主要途径，数学建模在科学技术发展中的重要作用越来越受到数学界和工程界的重视，它已成为现代科技工作者必备的重要能力之一。不同的科学领域同数学有机地结合起来，在不同的学科中取得了巨大的成就。例如，力学中的万有引力定律、电磁学中的麦克斯韦方程组、化学中的门捷列夫周期表、生物学中的孟德尔遗传定律等都是经典学科中应用数学建模的范例。

二、数学建模的步骤

应用数学去解决各类实际问题时，建立数学模型是十分关键的一步，同时也是十分困难的一步。建立教学模型的过程，需要通过调查和搜集数据资料，观察和研究实际对象的固有特征和内在规律，抓住问题的主要矛盾，建立起反映实际问题的数量关系，然后利用数学理论和方法分析和解决问题。完成这个过程，需要有深厚扎实的数学基础、敏锐的洞察力、大胆的想象力以及对实际问题的浓厚兴趣和广博的知识面。

一个合理、完善的数学建模步骤是建立一个好的数学模型的基本保证，数学建模讲究灵活多样，所以数学建模步骤也不能强求一致。下面介绍的一种"八步建模法"，是在中学数学建模教学中总结出的一套比较细致全面的建模步骤，具体包括以下八个步骤：

（一）提出问题

能创造性地提出问题是顺利解决问题的一半成功，也是成功解决问题的关键一步。很多问题没有得到很好的解决，其原因是问题没有提好。这一步骤的关键在于明确建模目的和要建立的模型类型，即从问题的情景以及可获得的可信数据中可得到什么信息，所给条件有什么意义，对问题的变化趋势有什么影响，并且要弄清该问题所涉及的一些基本概念、名词和术语。通过对实际问题的初步认识和分析，明确问题的情景，把握问题的实质，找准待解决的问题所在，提出明确的问题指标，明确建模的目的。

（二）分析变量

在分析变量的过程中，首先要将研究的对象所涉及的量尽可能找准、找全，然后根据建模目的和要采用的方法，确定变量的类型是确定性的还是随机的，并分清变量主次地位，忽略引起误差小的变量，初步简化数学模型。在研究变量之间的关系时，一个非常重要的方法是数据处理，即对我们从开始所获得的数据做适当的变换或其他处理，以便从中找出隐藏的数学规律。

（三）模型假设

模型是通过问题的分析和提出问题而得出的，是被建模目的所决定的。模型的假设作为奠定数学建模的基础要将表面上杂乱无章的现实问题抽象、简化成数学的量的关系。模型假设是建模的关键一步，在一定程度上决定了后续工作的顺利展开、建模的复杂程度，甚至关系到整个建模过程的成败。因为影响一个现实事件的因素通常是多方面的，我们只能选择其中主要影响因素以及它们中的主要矛盾予以考虑，但这种简化一定要合理，过分的简化会导致模型距离实际太远而失去建模意义。因此，根据对象的特征和建模目的，对问题进行必要的、合理的简化，用精确的语言做出假设，充分发挥想象力、洞察力和判断力，善于辨别主次，而且为了使处理方法简单，应尽量使问题线性化、均匀化。

（四）建立模型

在前三步的基础上，根据所研究的对象本身的特点和内在规律，以模型假设为依据，利用适当数学工具和相关领域的知识，通过联想和创造性的发挥及严密的推理，最终形成描述所研究对象的数学结构的过程。可以是一个方程组的求解问题，也可以是一个最优化问题，还可以是其他数学表示。从简单的角度讲，这一环节要求用尽可能简洁清晰的符号、语言和结构将经过简化的问题进行整理性的描述，只要做到准确和贴切即可。当然数学和应用数学学科的发展已有大量丰富的概念与方法积累，因此所建立模型在表述上应尽可能符合一些已经成熟的规范，以便应用已知结论求解以及模型的应用与推广。

（五）模型求解

建立数学模型还不是建模的最终目的，建模是为了解决问题，因此还要对建立的数学模型进行求解，以便应用于实践。不同的模型要用不同的数学工具求解，可以采用解方程、画图形、定理证明、逻辑运算以及数值计算等各种传统的或近代的数学方法。随着信息科学的高速发展，在现在的多数场合下，数学模型必须依靠计算机软件求解才能得到较好的解决。因此，熟练利用数学软件会给数学模型的求解带来方便，其在解模的过程中起着不可替代的作用。

（六）模型分析

模型求解只是问题解决的初步阶段，因为在模型建立的过程中，只是近似地抽象出实际问题的框架与实质，在设计变量、模型假设、模型求解等阶段，都会忽略掉一些实际因素，或者造成一些误差，使得数学模型仅是问题的近似与估计，从而得到的结果也只是实际情形的近似或估计。因此，在模型求解后有必要进行结果的检验分析与误差估计，以便了解所得结果在什么情形下可信，在多大程度上可信，也就是下面将要论述的模型分析。

模型分析主要包括：误差分析、对各原始数据或参数进行灵敏度、稳定性分析等。过程可简化如下：分析—不合要求—重新审查修改重建—合要求—评价、优化—解释、翻译成通俗易懂的语言。

（七）检验模型

通俗地讲，检验模型就是把模型求解所得的数学结果解释为实际问题的解或方案，并用实际的现象、数据加以验证，检验模型的合理性和适用性。检验模型主要包括以下两类：①实际检验：回到客观世界中检验模型，用实验或问题提供的信息来检验。②逻辑检验：一般是结合模型分析以及对某些变量的极端情况获取极限的方法，找出矛盾，否定模型。如果模型的结果距离实际太远，应当从改进模型的假设入手，可能是因为将一些重要的因素忽略了，也可能是将某些变量之间的关系做了过分简化的假设。需要修改或重新建立模型，直到检验结果获得一定程度的满意。

（八）模型应用

模型应用是建模的宗旨，也是对建模最客观、公正的检验，数学建模需要在实践的检验中多锤炼、提高、发展和完善。

以上提出的数学建模的八个步骤，各步骤之间有着密切的联系，它们是一个统一的整体，不能直接分开，在建模过程中应灵活应用。

三、高等数学教学中培养数学建模能力的必要性

（一）有利于学生动手实践能力的培养

传统的数学教学中，大多是教师给出题目，学生给出计算结果。问题的实际背景是什么、结果怎样应用等问题在传统数学教学中很难得到体现。数学建模是一个完整的求解过程，要求学生根据实际问题，抽象和提炼出数学模型，选择合适的求解算法，并通过计算机程序求出结果。在数学建模过程中，学生将学过的知识与周围的现实世界联系起来，对培养学生的动手实践能力很有好处，有助于学生毕业后快速完成角色的转化。

（二）有利于学生知识结构的完善

一个实际数学模型的构建涉及多方面的问题，如工程问题、环境问题、生物竞争问题、军事问题、社会问题等。就所用工具来讲，需要计算机、Internet 网、检索软件等。因此，数学建模有利于促进学生知识交叉、文理结合，有利于促进复合型人才的培养。另外，数学建模还要求学生具有很强的计算机应用能力和英文写作能力。数学建模教会了学生面临实际问题时，如何通过搜集信息和查阅文献，加深对问题的理解，构建合理的数学模型。这个过程就是自主学习、探索发现的过程。"授人以鱼，不如授人以渔"。通过这样的训练，学生具备了一定的自我学习的方法和能力，这与现代社会要求人才具有终身学习的能力是相符合的。

（三）有助于学生创新意识和创新能力的培养

我国传统数学内容过多注重确定性问题的研究，采用的多是"满堂灌"的教学

方式。这种方法容易造成学生的"惰性思维"，难以充分发展学生的个性。而数学建模是通过大量生动有趣的实例来激发学生学习的兴趣和学习热情。数学建模不同于传统的解题教学，在建模过程中没有固定的模式和固定的答案，即使是对同一问题进行研究，其采用的方法和思路也是灵活多样的。建模没有最好，只有更好。从对实际问题的简化假设，到数学模型的构造，再到数学问题的解决，最后到模型在实际生活中的应用，无不需要创造性的思维和创新意识。通过数学建模，培养了学生的洞察力、想象力和创造力，提高了学生解决实际问题的能力。

（四）有利于学生团队精神的培养

数学建模需要学生以团队形式参加，通过全体同学在建模的过程中具有合理的分工与协作，最后完成问题的解决。集体工作、共同创新、荣誉共享，这些都有利于培养学生的团队精神，培养学生将来协同创业的意识。任何一个参加过数学建模的学生都对团队精神带来的成功和喜悦感到由衷的骄傲。因此，数学建模活动的开展，有利于学生团队精神的培养。

总之，数学建模所体现的创新思维意识、团队合作精神正是我们这个时代所需要的，是高职院校数学课教师必须努力实现的目标，数学建模的开展也为中学数学课教学指明了方向。

四、数学建模的教学要求

（1）在数学建模中，问题是关键。数学建模的问题应是多样的，应来自学生的日常生活、现实世界以及不同的专业知识。同时，解决问题所涉及的知识、思想与方法与高等数学课程内容有密切的联系。

（2）通过数学建模，学生将了解和经历解决实际问题的全过程，体现数学与日常生活及其他学科的联系，感受数学的实用价值，增强应用意识，提高实际能力。

（3）每一个学生都可以根据自己的生活经验发现并提出问题，对同样的问题，可以发挥自己的特长和个性，从不同的角度及层次探索解决的方法，从而获得综合运用知识和方法解决实际问题的经验，发展创新意识。

（4）学生在发现和解决问题的过程中，应学会通过查询资料等手段获取信息。

（5）将课内与课外有机地结合起来，把数学建模活动与综合实践活动有机结合起来。数学模型有广义和狭义之分，广义的数学模型包括从现实原型抽象概括出来的一切数学概念、各种数学公式、方程式、定理以及理论体系等。可以说数学概念、命题教学可看作广义数学模型的建立过程。狭义的数学模型是将具体问题的基本属性抽象出来成为数学结构的一种近似反映，是一种反映特定的具体实体内在规律性的数学结构。

五、培养学生数学建模思想的教学对策

（一）在理论教学中渗透建模思想

数学理论是由因为实际需要而产生的，也是其他定理和应用的前提。因此在教学中应重视从实际问题中抽象出数学概念，让学生从模型中切实体会到数学概念是因有用而产生的，从而培养学生学习数学的兴趣。例如，在讲定积分概念时运用求曲边梯形面积作为原型，让学生体会一定条件下"直"与"曲"相互转化的思想以及"化整为零、取近似、聚整为零、求极限"的积分思想。通过模型来学习概念，加强数学来自现实的思想教育力度。重要的是让学生看到问题的提出，对数学建模产生兴趣。同时应重视传统数学课中重要方法的应用，例如，利用一阶导数、二阶导数求函数的极值和函数曲线的曲率在解决实际问题中的应用。

（二）在应用中体现建模思想

教师可以选择一些简单的结合数学课程内容的实际或改变后的一些题目，根据建模的一般含义、方法、步骤进行讲解。培养学生学习数学建模的兴趣，激发其数学建模的积极性，使学生具有初步的建模思想。例如，在自然科学以及工程、经济、医学、体育、生物、社会等学科中的许多系统，有时很难找到该系统有关变量之间的直接关系——函数表达式，但容易找到这些变量和它们的微小增量或变化率之间的关系式，这时便可采用微分关系式来描述该系统，即建立微分方程模型。在教学过程中，应注意培养学生用上述工具解决实际问题的能力。

（三）在考核中增设数学建模环节

目前，考试仍然是中学考查学生学习情况的重要环节，但考试并不能充分体现出学生各方面的能力。除数学建模课程外，教师同样可以在数学课程中设立数学建模考试环节作为参考，具体可将试题分为两部分：一部分是基础知识，可在规定时

间内完成;另一部分是一些实用性的开放性考题,考查的形式可以参考数学建模竞赛。这样不仅能考查学生的能力,而且能有潜质的学生,为选拔参加全国学生数学建模竞赛做准备。

(四)建立适合数学建模思维的教学方法

数学建模本身是一个不断探索、不断创新、不断完善和不断提高的过程,其培养过程需要一定的数学基础以及广博的知识面和丰富的想象力。与其他数学类课程相比,数学建模具有难度大、涉及面广、形式灵活等特点,对教师和学生的要求相对比较高,教师必须采取适合数学建模思想的教学方法。

1. 采用教师与学生双向互动的教学模式

在建模课程中要突出学生主体,充分发挥学生的主动性和积极性以及学生作为活动主体应有的地位和作用。建模教学一般都是采用双向式教学,有利于改变过去传统教学方式的单一性,强化"启发式"教学方法的实施。建模教学中应适当减少教师理论讲解的时间,增加课堂交流的时间,给学生留下独立思考的空间。并增加课堂练习时间,便于教师及时掌握学习效果。部分教学内容可以采用学生讲解、课堂讨论的形式,让学生自己充当一次教师,并在学生讲解完后展开讨论,鼓励其他学生提出质疑并发表不同的见解。最后,教师可以就其中所出现的一些问题进行纠正或补充总结。教师要学会把握课堂,学会耐心倾听学生意见,培养学生的求知欲望,激发学生的创新意识,培养学生的创新精神和创新能力。同时也要有意识地提出疑问,培养学生发现问题、解决问题的意识。

2. 采用教学与自学相结合的教学方法

数学建模涉及的知识面比较广泛,不可能让学生先学会所有的知识再去建模,且仅靠课堂学的知识也难以圆满完成建模过程。这就要求学生要利用丰富的学习资源不断地自我学习、自我充实。教师除课堂上传授数学理论知识外,还应培养学生学会利用各种资源快速获取信息及掌握新知识的能力,指导学生利用图书馆、网络的书籍和论文,阅读与建模相关的资料。广泛阅读学习可以拓宽学生的视野,培养学生的自学能力。通过这样的训练,可使学生具备一定的自我学习方法和能力,这与现代社会所需人才具有终身学习的能力是相符合的。通过自学以获取相关知识的能力表明,数学建模是激发学生学习欲望,培养学生主动探索、努力进取和团结协作精神的有力措施。

3. 采用现代的开放式教学方法

在数学建模思想的培养中可引入开放式的教学方法，如探究式、研讨式、案例式、启发式等，建模初始应从简单问题入手，引导学生初步掌握用数学形式刻画和构造模型，培养学生积极参与和勇于创造的意识。随着学生能力和经验的增长，可让其通过实习作业或活动小组的形式，由学生展开分析讨论，分析每种模型的有效性，并提出修改意见，以确定讨论是否有进一步扩展的意义。这样学生可以在不断发展、不断创造中培养信心，纠正理解的片面性。受应试教育的影响，很多学生形成了思维定式，认为数学问题只有一个标准答案。因此，学生在解答数学问题后，就不会再考虑是否还有其他方案，缺少创新思维。为此，教师应开拓学生的思维方式，启发调动学生积极讨论，鼓励学生从多个角度考虑问题，大胆提出不同的解决方案，鼓励标新立异、另辟新径。在小组讨论后说出各自的答案，集体评价各种思路的利弊。通过教师的引导与启发，通过集体讨论，学生逐渐发现自己认知方面的不足，并养成多方面、多角度考虑问题的习惯。

4. 借助现代教学手段辅助教学

运用计算机工具解决建模问题，是促进数学建模教学的有效方法。采用多媒体教学方式进行建模学习，通过运用多媒体向学生展示生动有趣的案例、丰富多彩的图形动画，可激发学生学习建模的兴趣与热情。同时，注重对学生运用计算机软件建立数学模型的培养。学校应建立计算机交互式多媒体实验室，扩大原数学建模实验室，供广大数学建模爱好者使用，为数学建模教学创造良好的实验条件和环境。数学建模课可以整合开设，除调整教学内容、增加最新技术成果及应用介绍之外，还要增加知识模块之间的衔接，从建模能力和软件运用的结合培养学生的探索兴趣与解决实际问题的能力。

六、数学建模能力培养的教学策略

要提高高等院校学生的建模综合能力，首先要在平时的数学课堂教学中从以下各项能力的培养入手。

（一）培养学生的双向翻译能力

实际应用问题，一般由普通语言或图表语言表述，而数学建模多是用符号描述。所以，双向翻译能力是应用数学的基本能力，也是传统教学中缺乏的。为了提高这方面的能力，在教学中应该做到以下方面：

（1）注重数学概念、公式、定理的产生和发展的问题背景。语言作为问题描述的载体，不同的语言有不同的表示形式，它们之间互译准确熟练与否，直接决定了建模能力的强弱。而诸多数学概念、公式、定理的产生和发展都有着丰富的问题背景，这为我们在数学教学中训练学生语言之间的互译提供了素材，如 Stokes 公式、第二类曲面积分的建立等。教师应在数学教学中适当补充概念、公式以及定理的应用性，充分体现知识产生于实践又服务于实践的全过程。

（2）以思维方法为视角，精选、剖析优秀的数学建模竞赛试题和参赛作品。科学的思维方法是人们进行科学认识的手段，是使思维运动通向客观真理的途径和桥梁。因此，在数学教学中必须重视科学思维方法的教育。精选往年的突出思维方法的数学建模竞赛试题并引导学生分析解决以及引导学生研读优秀的参赛作品，无疑是提升他们语言翻译能力的有效途径。

（二）培养学生的解模能力

通过讲授数学建模的具体思维方法，可以培养学生的解模能力。具体思维方法是哲学思维方法、一般思维方法在数学学科的某些特殊领域的特殊应用，是认识对象的特殊属性所决定的特殊方法，有参数辨识建模方法、线性规划、多目标规划以及各种统计方法等，如 2000 年 DNA 分类问题涉及的聚类分析方法、2002 年公交车调度问题中如何将多目标规划问题转化为单目标规划问题等。通过以上具体事例的学习，熟练掌握方法的使用和处理问题的技巧，是提高学生解模能力的有效措施。此外，结合实验课中的实验内容，还应分层次、有目的地设计层次不同的题目，锻炼学生应用数学软件包的能力。

（三）培养学生的观察和猜想能力

通过类比引导等方法，可以培养学生的观察和猜想能力。

（1）教给学生观察、猜想的方法。在数学教学中，教师应该有意识、有目的、有步骤地对学生进行观察、猜想训练，帮助他们掌握科学的观察、猜想方法。如介绍一些数学家的著名猜想及发展脉络，通过追踪数学家的猜想思路获得猜想的思维方法如探索性猜想方法、类比性猜想方法等，强化过程教学，培养学生的判断、否定意识及创新精神。结合数学史料进行教学，让学生在学习中体验科学家创造知识成果的艰难曲折历程，感受科学家为追求真理而献身的崇高境界，从而逐渐培养他们实事求是、独立思考、勇于创造和不畏艰难的科学精神。

（2）加强传统数学课、实验课教学，培养学生观察、猜想的能力。数学中的许多著名公式与定理是数学家通过细心观察、类比、归纳等过程提炼出来的，这为加强观察能力的培养提供了肥沃的"土壤"。

在概念、定理以及公式的教学中，要结合该课型的特点，注意分析概念、定理以及公式的产生过程，通过比较它们的各个侧面、特点、差异，引导学生概括出它们的共同本质，进而提出新概念、新理论。如随机变量概念的引入和建立，可以从骰子的点数、产品中次品的件数等数字表示的事件入手，观察其特点。然后，将非数字表示的随机事件数字化，观察其特点。最终抽象概括出建立在样本空间（事件域）上的函数——随机变量。

解题教学是数学教学的一种间接实践形式，是训练基本技能的主要方法。在教学设计中，应注意选择适当的题目，在审题、想题、解题三大阶段，充分利用题目的特点进行训练，让学生体会"数学的感觉"。

参 考 文 献

［1］朱校华，王朋朋，董春兰．数学教学中的后进生培养［M］．天津：天津科学技术出版社，2019．

［2］陈少旭．爱上数学［M］．银川：阳光出版社，2018．

［3］高静波，刘艳艳，石祥．数学课堂模式改革与教学实践探索［M］．长春：吉林人民出版社，2017．

［4］何天荣．数学教学艺术研究［M］．延吉：延边大学出版社，2018．

［5］黄平．"三环四步"探究学习理念引导下的小学数学教学［M］．长春：吉林人民出版社，2019．

［6］季洁宇，田青兰，褚国娟．数学课堂教学与解题技巧［M］．北京：经济日报出版社，2019．

［7］李秉福．高中数学教学中数学文化的渗透研究［M］．长春:吉林人民出版社，2020．

［8］李迎，刘亚，殷爱梅．思维导图在数学教学中的应用［M］．长春：吉林人民出版社，2020．

［9］刘乃志．整体数学教学研究与实践探索［M］．北京：中国国际广播出版社，2021．

［10］马作炳，段彦玲，刘英辉．数学教学与模式创新［M］．长春:吉林人民出版社，2017．

［11］欧阳正勇．中学数学教学与模式创新［M］．北京：九州出版社，2019．

［12］师前．高中数学教学"三思"［M］．上海：上海交通大学出版社，2018．

［13］谭明严，韩丽芳，操明刚．数学教学与模式创新［M］．天津：天津科学技术出版社，2020．

［14］唐小纯．数学教学与思维创新的融合应用［M］．长春：吉林人民出版社，

2021.

　　［15］王燕荣.数学方法论［M］.成都：西南交通大学出版社，2018.

　　［16］谢桂真.数学［M］.青岛：中国海洋大学出版社，2018.

　　［17］杨蓓.高职数学教学发展研究［M］.天津：天津科学技术出版社，2020.

　　［18］张彩宁，王亚凌，杨娇.高职院校数学教学改革与能力培养研究［M］.天津：天津科学技术出版社，2019.

　　［19］张登华，段馨娜，许传江.数学教学与创新模式［M］.北京：中国商务出版社，2019.

　　［20］张定强，张炳意.数学教学关键问题解析［M］.北京：中国科学技术出版社，2020.

　　［21］张琳.数学教学与模式创新［M］.北京：北京工业大学出版社，2019.

　　［22］赵长林，王桂清，李友雨.大学课程与教学研究［M］.北京：北京理工大学出版社，2020.

　　［23］周仕荣.师范生数学教学信念发展的理论探索与实践研究［M］.成都：电子科技大学出版社，2014.